L'Enfant et la mort

Du même auteur, chez le même éditeur

L'Éveil par la lecture de l'aura.

Maquette de couverture : Les Quatre Lunes / Santiago Bordils.

ISBN : 978-2-940430-74-1

www.editionsambre.com

Arielle Harboe-Schmidt

L'Enfant et la mort

AMBRE
ÉDITIONS

Merci Claire, Didier et Liliane pour votre aide efficace et précieuse.

Merci Anne, Carla, Clara, Laurent, Micheline et Tine : à votre contact, mon cœur et mon âme s'éveillent.

Merci à mon époux et à mes fils, votre merveilleuse présence embellit ma vie.

Chaque problème a sa solution.
Alors pourquoi s'en faire ?
Et si un problème n'a pas de solution…
Alors pourquoi s'en faire ?

Proverbe tibétain

Préface

L'enfance. Voilà un temps dont on se rappelle le plus souvent avec nostalgie. Et pour cause... C'est un temps de pureté, de simplicité. Un temps où l'on est naturel malgré certaines complications venant pour la plupart du temps... des adultes ! Ces derniers veulent souvent que les enfants soient comme ceci ou comme cela ; ils souhaitent les voir faire ceci ou cela, arpenter tel ou tel chemin, prendre telle ou telle direction, et bien entendu « réussir » dans la vie...

Dans les pages qui vont suivre, nous allons retrouver cette pureté qu'essaie de nous montrer, naturellement, Sam. Par sa spontanéité et donc sa justesse, il nous guide, nous lecteurs, comme il le fait avec ses parents. Nous sommes alors entraînés à partager leur expérience de famille moderne : des parents dans une problématique de fuite, si présente dans nos sociétés aujourd'hui et qui ne prennent pas le temps d'écouter leurs enfants.

Cette problématique se double d'une autre : le fait que nous jugeons les enfants comme étant incapables de comprendre le monde des adultes « plus évolué ». Or, ce n'est peut-être pas le cas ; « notre » monde est peut-être simplement plus compliqué…

Il est indéniable en tout cas que nous, les « adultes », oublions que nous avons été enfants et qu'alors tout était plus simple. C'est ce que finiront peut-être par redécouvrir les parents de Sam et nous aussi par la même occasion.

Pourtant, ce n'est pas uniquement cela qu'Arielle nous raconte dans ce livre. C'est également à une réflexion sur la vie et sur la mort qu'elle nous convie, grâce au regard d'un enfant. Mais pas n'importe lequel, nous allons y revenir. Nous croiserons par exemple, tout au long de ces pages, des questions comme : « Venir au monde, est-ce vivre ou mourir ? ». Ou encore, venant de Sam : « C'est quoi la peine de mort ? C'est qu'on est malheureux d'être mort ? ».

Sam, se questionnant, nous questionne. Sam, s'interrogeant, nous interroge : sommes-nous certains que la vie est comme nous la pensons ? Les interrogations de Sam, non linéaires, non cartésiennes, nous renvoient directement dans nos buts : nos explications rationnelles et simplistes de la réalité ne tiennent pas debout devant ses remarques et ses interrogations. Alors que nous reste-t-il ? La pureté et la sagesse remplie de simplicité de cet enfant qui nous rappelle à quel point il est important d'écouter son cœur à chaque occasion et de pouvoir faire en sorte de le relier à notre pensée.

Toutefois, cet enfant paraît bien spécial. Spécial à cause de ses réflexions ou de ses idées ? Non, pas uniquement… À cause de sa sagesse également ; sagesse qui semble venir de plus loin…

Dans la tradition du bouddhisme tibétain, qui est la mienne, de tels enfants sont parfois appelés des tulkous, ce qui veut dire littéralement « corps d'émanation ». Ils sont considérés comme des « réincarnations » de maîtres spirituels du passé ou des « manifestations », dans un corps formel, de bodhisattvas, des « grands êtres », venus pour aider leurs prochains. La culture New Age leur a donné le nom, peut-être impropre, « d'enfants indigo », en rapport avec la couleur qui serait soi-disant prédominante dans leur aura. Ce phénomène des « enfants spéciaux » n'est pourtant pas une découverte et est également très présent dans les témoignages des sociétés traditionnelles, que ce soit chez les Mongols, en Chine, en Inde, en Afrique, en Amérique du Sud et du Nord… Et j'en passe.

Quoi qu'il en soit, que l'on se base sur telle ou telle explication, le phénomène, lui, est bien présent : ces enfants sont sages et, souvent, se souviennent de choses dont, logiquement, ils ne peuvent avoir aucune connaissance directe, par l'éducation ou par n'importe quel apprentissage. Ils voient également des choses que la plupart des gens ne voient pas. Ce phénomène commence à être bien documenté grâce aux travaux d'équipes de recherche pour la plupart américaines qui ont prouvé que le fonctionnement de la mémoire et de la conscience est bien plus profond et complexe que ce que l'on pensait encore voilà dix ans du point de vue scientifique. Il est intéressant de noter que la recherche en neurosciences a fait un extraordinaire bond en avant depuis qu'elle étudie le cerveau de grands méditants et de jeunes tulkous.

Dans la culture bouddhiste en général et tibétaine en particulier, on explique que c'est justement la pureté de ces enfants qui leur permet, en restant authentiques, de voir bien plus loin que tout le monde. Ils sont sages car ils sont restés purs. Vouloir à tout prix les transformer, les changer en « individus adultes » soi-disant responsables revient simplement à faire avec eux ce qui nous a été imposé : nous faire perdre notre innocence. Savoir écouter les enfants – ceux-ci comme les autres, qui ne sont pas franchement différents au fond –, prendre le temps d'entendre ce qu'ils ont à dire, c'est leur donner la chance que nous n'avons peut-être pas eue et nous donner, à nous, la chance d'être plus naturels, plus spontanés.

Dans le monde moderne qui est le nôtre actuellement, nous avons la fâcheuse tendance de reléguer tous ceux qui ne sont pas compétitifs – c'est-à-dire les enfants, les personnes âgées, les handicapés de toutes sortes, les malades… – au second plan. Or, nous avons été, nous sommes et serons pratiquement tout cela. Nos jugements sur la réalité et notre perpétuelle fuite en avant ne finissent que par créer des catastrophes en série et nous déshumaniser de plus en plus… Nous devenons des numéros attirés par d'autres numéros. J'apprécie particulièrement ce que dit Michel Delage à ce propos : « Dans les conditions habituelles d'existence, les questions existentielles ne vont pas très loin, tant elles paraissent recouvertes par l'individualisme et le matérialisme occidental. L'être humain actuel, s'il n'est pas philosophe, homme de religion ou s'il n'est pas taraudé par l'angoisse, ne se pose guère de questions métaphysiques ou alors de manière furtive et superficielle. (…) En revanche, lorsqu'on est confronté à la mort, au malheur, à la souffrance, il n'en va plus ainsi et on n'échappe pas aux questions sur la vie et la mort, sur le destin, la nature et le poids de ses engagements personnels, sur ce que représente l'affection des siens. »*

---

* Michel Delage, *La Résilience Familiale*, Odile Jacob, 2008, pp. 109-110.

Ainsi, lorsque nous sommes à nouveau confrontés aux grandes questions et que nous passons de l'existentiel à l'essentiel, du paraître à l'être, nous nous rendons compte à quel point nos comportements de fuite peuvent être futiles et vains.

Dans ce livre, comme bien des fois, c'est un enfant, Sam, qui nous rappelle que cette fuite éperdue en avant est totalement illusoire : ce que nous fuyons est ce qui nous attend inexorablement. La mort, puisque c'est d'elle dont il s'agit, cet enfant nous montre qu'on peut la regarder différemment… sans peur. Pourtant, pas sans douleur. Ce n'est pas la mort qui est douloureuse mais la perte, et c'est ce que nous montre Sam par son exemple même et son courage de petit garçon. Il va nous montrer, finalement, avec l'aide d'une thérapeute – petit clin d'œil personnel d'Arielle – qu'on peut aller au-delà de cette douleur, dans l'acceptation… et vers la libération.

Dans notre tradition, nous disons cependant qu'il ne faut pas perdre trop de temps pour aller à l'essentiel car, arrivé aux portes de la mort sans s'y être préparé, il est trop tard. À n'en pas douter, le moment le plus crucial de la vie est sa fin. C'est un moment à ne pas rater…

Ce livre vrai, car en partie vécu, est un véritable rappel qu'on ne peut vivre véritablement heureux qu'en regardant en face nos peurs et nos doutes et qu'il n'y a qu'un chemin pour cela : en étant simple et authentique, comme lorsque nous étions enfants.

Merci Arielle pour cette simplicité !

Mila Khyèntsé Rinpoché

Mila Khyèntsé Rinpoché est un tulkou (réincarnation d'un maître tibétain) français. L'un des plus grands maîtres Dzogchèn contemporains, Tertön Lobsang Dargyé Rinpoché, l'a reconnu comme un grand bodhisattva et intronisé en tant que régent-détenteur (gyaltsab) de sa lignée.

Depuis plusieurs années, il enseigne le bouddhisme et la méditation en Europe, en Amérique et en Asie. Il développe actuellement des projets spirituels en Europe et en Asie, où il réside.

Amie lectrice, ami lecteur,

Tout ce qui est écrit dans ce livre et qui semble ordinaire est pure fiction.

Tout ce qui est écrit dans ce livre et qui semble extraordinaire est authentique.

Sam et ses parents témoignent dans ce roman d'histoires vécues par mes clients – petits et grands.

En retrouvant le magnifique lien à leur âme, ils ont redécouvert l'enfant qu'ils étaient et qu'ils sont encore.

Par ce livre, je souhaite les remercier de leur confiance.

1.

Vlan ! Le bruit de la porte de la chambre à coucher où dormaient paisiblement Marie et Laurent claqua bruyamment.

Encore très endormie, Marie tourna péniblement la tête et s'empara du réveil. *Quatre heures du matin.*

Le corps raidi par ce lever brutal, elle s'assit, somnolente, sur le lit.

– Bon sang, ce n'est pas vrai ! s'exclama Laurent. Qu'est-ce que Sam est encore en train de faire ? Quelle heure est-il ?

– Essaie de te rendormir, chéri, je vais voir ce qu'il fait.

– Me rendormir ? Tu plaisantes ? Impossible de fermer l'œil avec un gosse pareil ! Est-ce qu'un jour il va comprendre que moi, j'ai besoin de récupérer la nuit ? Que je travaille dans quelques heures ? Tu m'imagines dire aux investisseurs :

« Désolé d'être confus, mais cela fait six ans que mon fils me réveille tous les matins aux aurores » ?

Énervé, il se tourna de l'autre côté et marmonna :

– Et dire qu'elle voudrait avoir un autre enfant ! Elle peut toujours rêver !

Il tenta de se rendormir rapidement souhaitant que son esprit ne se remette pas à fonctionner à plein régime.

Espérant qu'il se calmerait, Marie choisit de ne rien répondre. Avec un peu de chance, le sommeil reviendrait. Elle se leva lentement, sortit de la pièce sans faire de bruit et longea le corridor. Sur le carrelage, ses pieds se refroidissaient vite. Le courant d'air qui avait fait claquer la porte de leur chambre provenait de la cuisine. La porte-fenêtre qui donnait sur le jardin était entrouverte. Sam, son fils de six ans, jouait tranquillement dehors, son petit corps recroquevillé sur lui-même, le nez pointé vers le sol.

Lasse, elle l'observa depuis la cuisine, cachée par l'obscurité régnant dans la maison. Un bâillement monta des profondeurs de son être ; bouche grande ouverte, elle laissa échapper un son étouffé. La fraîcheur de l'aube la fit frissonner. Elle referma le col de sa chemise de nuit, comme si ce geste machinal pouvait empêcher le froid de piquer sa peau. Une lumière de fin de nuit, grise, basse, illuminait faiblement le petit garçon, dont le visage exprimait une profonde compassion.

– Regarde Ip, dit-il à son ami, le scarabée creuse un trou. Tu crois qu'il a perdu ses clés ?

Le silence lui répondit.

– Oui, oui, c'est une excellente idée, s'exclama Sam. On pourrait lui construire une nouvelle maison, s'il ne peut plus rentrer chez lui !

L'enfant se montrait plein de tendresse envers l'insecte sans défense. Sam désigna une pierre plate à Ip :

– Apporte-la-moi, ce sera un mur.

Avec l'aide d'Ip, il construisit un minuscule abri pour le scarabée, à présent retenu prisonnier. Le pyjama de Sam le protégeait peu de la fraîcheur matinale de ce début de juin ; sa mère songea qu'elle devrait intervenir. *Mon Dieu*, soupira Marie, *le manque de sommeil depuis six ans devient de plus en plus difficile à supporter. Laurent a raison lorsqu'il dit qu'il faut agir.*

Mais que faire ? Ou plutôt, que n'avait-elle déjà fait ?

Marie devint plus sombre en se remémorant les nombreuses visites chez divers thérapeutes qui s'étaient toutes soldées par des échecs. Et le désespoir qui s'ensuivait devenait chaque fois plus difficile à vivre. Même si aucun des professionnels qu'elle avait rencontrés n'avait pu clairement établir de quoi souffrait son fils, chacun avait malgré tout posé un diagnostic. Marie en avait assez que l'on ne regarde son fils qu'avec des yeux d'expert ; pourquoi n'osaient-ils pas lui avouer leur impuissance ? Trouble phobique, inadapté social, hyper contrôlé, certains étaient même allés jusqu'à employer le terme d'« autiste ». Le vrai se mêlait au faux. *Plus j'obtiens de réponses, plus j'ai de questions*, songea-t-elle.

Exaspérée, elle reporta son attention vers Sam, toujours accroupi dans l'herbe humide.

Le scarabée avait fini par s'envoler.

– Regarde, Ip ! Il vole comme ça !

Il leva ses deux bras au ciel et imita le vol de l'insecte. Il tournoya avec une telle vivacité que cette danse donna l'impression, dans la lueur de la lune, qu'il s'élevait au-dessus du sol. Sam s'abandonna au tournoiement.

– Sam, mon chéri, il est trop tôt pour jouer dehors. Tu devrais être au lit en train de dormir. Viens te recoucher, s'il te plaît.

Les mots de Marie sonnaient creux à ses oreilles, tant elle les avait prononcés en vain de nombreuses fois. Sam la regarda, lui sourit en faisant un signe discret de la main. Il n'écoutait déjà plus, mais ne la lâchait pas des yeux ; sous son regard infiniment tendre et bienveillant, Marie se détourna et décida de mettre la cafetière en route.

La lueur de la lune éclairait faiblement le visage de Sam. Il regarda son ami et lui proposa de se balader. Ensemble, ils se dirigèrent vers le fond du jardin. Soudain la discussion avec son ami s'anima.

– Non, non, Ip ! Si tu n'es pas d'accord, tu n'as qu'à retourner sur Ariom !

Après quelques secondes de silence, il reprit :

– T'es pas obligé de rester dans ce monde, tu sais ? Tu peux retourner sur ta planète.

Sam se pencha tout près d'une magnifique fleur jaune au parfum délicat.

– Oooh ! Regarde, elle s'est ouverte ! Bonjour la fleur ! Bonjour ! C'est le matin ! C'est même très tôt le matin, dit ma maman. Bonjour ! Réveillez-vous, les fleurs !

La voix chaleureuse et légère du petit garçon résonnait dans le silence. Il émanait de lui une joie et une douceur indéfinissable – « de la pureté », aimait à dire Marie – qui transformait la nature en un jardin enchanté.

Les pieds nus dans l'herbe, le bas de son pyjama mouillé par la rosée, il marchait lentement pour être certain de n'oublier de saluer personne.

– Bonjour l'herbe, bonjour les fleurs, joyeux matin !

Du champ voisin montait une odeur qui l'enivrait. Le parfum de la terre et du feuillage de la forêt lointaine embaumait l'air.

– Je respire ! Je respire votre parfum ! Il sent si bon ! Bonjour ! Bonjour ! s'exclama-t-il en aspirant goulûment l'air frais.

Il tourna son petit visage vers le ciel qui s'illuminait lentement :

– Regarde Ip, la lune n'est plus qu'un croissant tout mince. Tu vois, elle est comme nous : elle vieillit et va disparaître.

Sam s'accroupit et s'empara d'une bouteille remplie d'eau que sa mère utilisait pour nettoyer les feuilles des plantes, et la fit gicler sur le sol en fredonnant :

– Joyeux anniversaire, l'escargot ! Tu es si beau ce matin ! Heureux anniversaire, la pierre !

Puis il aspergea l'arbre, comme s'il le bénissait.

– Je t'aime mon arbre, fredonnait Sam, tu es l'arbre le plus magnifique de mon jardin.

Dans la clarté de l'aube, le silence du matin laissa place au chant des oiseaux.

Sans renverser le café qu'elle tenait à la main, Marie replaça le châle sur ses épaules et s'installa sur la terrasse. Les exclamations et la douceur de Sam l'empêchèrent une fois de plus de le gronder. *Quelle imagination !* Son cœur se mit à battre plus vite ; quelle tendresse, quelle délicatesse habitaient cet enfant ! Comment ne pas être émerveillée devant tant d'élégance et de pureté ? Soudain, l'expression de Marie se figea. Un flot d'angoisse venait d'ouvrir une brèche dans son cœur, dans sa tête. *Comment aider mon enfant ? Vers qui me tourner ? Le rendez-vous de cet après-midi va-t-il enfin résoudre nos soucis ?* s'interrogea-t-elle, évitant d'entendre son manque de conviction.

Une voyante ! Dans quelques heures, ils iraient

tous les deux consulter une voyante pour l'aider à comprendre son enfant ! *Quelle folie !* Marie se sentit soudain ridicule d'avoir suivi son instinct en prenant ce rendez-vous une semaine plus tôt. Mais après tous ces échecs, elle obtiendrait peut-être enfin un début de réponse.

Consulter une « Madame Irma » pour aider Sam, mon Dieu ! Mieux vaut ne pas y penser !

2.

Depuis ce matin, l'âme d'Elena se réjouissait de rencontrer Sam. Elle avait souvent entendu parler de lui par des habitants de la ville. Les témoignages différaient tant qu'il lui tardait de le découvrir par elle-même. Retardé pour les uns, génial pour les autres, il suscitait d'étranges sentiments chez chacun et de toute évidence, ne laissait personne indifférent.

Treize heures approchait. La sonnette retentit enfin et elle s'empressa d'ouvrir la porte. Sam se tenait là, à côté de sa mère. Le visage doux, étonnamment expressif et changeant pour un enfant de cet âge. Ses cheveux châtains légèrement ondulés tombaient presque sur ses épaules. Long et fin comme sa mère, il ne souriait pas, mais l'intensité de son regard lui donna la sensation qu'il l'observait, la détaillait. Son cœur s'emballa à l'idée d'entrevoir bientôt l'immensité cachée de cet être.

S'abaissant à sa hauteur, Elena lui dit doucement :

– Bonjour, sois le bienvenu. Comment t'appelles-tu ?

– Je m'appelle Sam, je suis un petit garçon.

– Bonjour Sam, enchantée. Je m'appelle Elena. J'ai l'impression que pour un petit garçon, tu es une âme très ancienne !

Ces mots firent rire Sam. Il allongea le dos bien haut et bien droit comme pour montrer sa « grandeur » d'âme.

– Tu sais, ajouta le petit garçon, j'ai six ans, bientôt dix !

Surprise par ces mots, elle sourit et passa sa main dans les cheveux de l'enfant, comme une caresse qui surgissait naturellement. *Les réflexions de Sam doivent posséder plus de sagesse que les habituelles pensées des adultes,* se dit-elle.

D'un pas sûr, il entra dans la salle d'attente attenante au cabinet. Elena contempla sa démarche décidée. Elle ne s'était jamais sentie aussi joyeuse. *Décidément, ce petit bonhomme apporte le bonheur avec lui,* songea-t-elle, amusée. Sa gaieté et sa confiance la touchaient profondément. En une seconde, il s'était senti à l'aise avec elle. Cette rencontre était pour Elena un véritable coup de cœur, apparemment réciproque.

Marie se tenait droite, presque raide, sur le pas de la porte d'entrée. Elle ne savait pas quoi faire :

patienter dans la salle d'attente ? Assister à la séance de voyance ? Son indécision l'agaçait, mais celle-ci la dominait toujours dans les moments inhabituels. Elle se décida finalement à suivre la médium et son fils.

Le regard d'Elena se porta sur la mère de Sam. Devant elle se tenait une femme douce et effacée, mais elle soupçonnait que sous son air gêné vibrait une personne au caractère puissant. Son visage était très pâle, son regard fermé et sans illusion.

– Peux-tu me dire, Sam, comment se nomme ta maman ?

– Oui, oui, c'est Marie. Mon papa s'appelle Laurent.

Après avoir remercié Sam, Elena invita Marie à entrer. Elle leur proposa de commencer sans plus attendre la séance et les engagea à la suivre en leur désignant la porte du cabinet. La lumière de ce début d'après-midi inondait la pièce unique. Les couleurs chaudes des murs et les quelques meubles donnaient au lieu une atmosphère de sérénité. La lueur de trois petites bougies dansait à la brise légère qui s'infiltrait par la fenêtre entrouverte.

Sam désigna le fauteuil à sa mère, qui s'y assit. Intrigué, il s'avança vers la table de massage. Il l'effleura des doigts puis découvrit, dissimulée derrière une chaise, une boîte remplie de jouets et de crayons de couleur. Il s'en empara et s'assit sur le tapis posé sur le plancher de bois. Il prit un feutre et se mit à dessiner. Parfaitement à son aise.

Marie était trop nerveuse pour examiner la pièce. Mal assise dans le fauteuil, elle n'osait cependant pas bouger, comme si un simple grincement d'osier pouvait déranger l'atmosphère paisible. Le contact spontané de son fils avec cette inconnue et leur intimité apparente alors même qu'ils ne s'étaient encore jamais rencontrés l'insupportait. Pourquoi n'en était-elle pas heureuse ? Rassurée ?

– Je suis ravie de faire votre connaissance, lui dit Elena. Je sais que venir ici n'est pas toujours une démarche aisée. Peu de personnes savent précisément ce qu'est la thérapie par la lecture de l'aura et ce qu'elle peut apporter. Avant de commencer, je vais vous expliquer en deux mots en quoi consistent ces séances.

La thérapeute sentait une telle tension chez cette femme qu'elle voulait l'apprivoiser en douceur, l'aider à prendre conscience de ce qui les avait conduits ici, cet après-midi.

– La lecture de l'aura est une vision qui perçoit au-delà des apparences ordinaires.

– C'est ce que l'on m'a dit : vous êtes médium, vous voyez des choses que je ne perçois pas… l'interrompit Marie.

– En réalité, mon travail n'est pas celui de lire l'avenir, comme le ferait une voyante, mais de découvrir l'origine des blocages de mes clients. Il s'agit de thérapie énergétique : je reçois des visions et des sensations relatives à l'histoire de mon patient et je les commente, comme je le ferais pour une photo ou un film que je serais seule à voir. Une fois le problème décelé, je transforme son énergie afin qu'il disparaisse.

– C'est la raison pour laquelle je suis ici : j'aimerais que vous essayiez de deviner ce que contient l'aura de mon fils.

– En réalité, il ne s'agit pas d'une démarche intuitive, voyez-vous, mais d'une véritable lecture. L'aura de Sam porte en elle les causes originelles de ses problèmes ainsi que leurs solutions. On pourrait dire que durant la séance, je lirai en lui aussi clairement qu'en moi-même, afin de comprendre ce qui l'entrave pour pouvoir le libérer.

Le petit garçon dessinait tranquillement, perdu dans son monde, semblant ne plus être conscient des paroles qui s'échangeaient entre les adultes. Les explications d'Elena tintaient à ses oreilles comme une mystérieuse mélodie.

– Si tu es d'accord, Sam, suggéra gaiement Elena en se tournant vers lui, je te propose de t'allonger sur la table de massage. Je passerai mes mains au-dessus de ton corps et raconterai à ta maman tout ce que je percevrai dans ton aura.

En entendant son prénom, il se leva, s'approcha de la dame et tourna son visage vers elle. Elena fut surprise de la vivacité et de la chaleur de son regard clair.

– Tu sais, j'aime bien ta maison, il n'y a rien de trop chez toi !

La voix mélodieuse de Sam enchanta Elena, mais ce qui l'émerveilla fut surtout la beauté qu'il semblait déceler si naturellement en toute chose.

Sam continua sur sa lancée :

– Chez toi, je ne suis obligé à rien. Ça me plaît.

Sa manière si spontanée d'exprimer l'essentiel était rafraîchissante. Sam se faisait à l'ambiance du lieu avec tant d'aisance qu'il était difficile de se concentrer sur le sérieux de la thérapie.

La tournure que prenait la séance déroutait Marie. Curieusement, et contrairement aux autres spécialistes qu'elle avait rencontrés, la thérapeute ne souhaitait pas connaître la raison qui l'amenait à consulter. La gentillesse d'Elena la touchait et, malgré ses réticences, Marie se sentit bientôt en confiance. Et étrangement, bien que fondamentalement éloigné de toutes ses croyances, son discours ne la choquait pas.

– Ce qui est extraordinaire, expliqua Elena, c'est que notre aura ne triche pas, contrairement à notre mental qui se joue de nous et nous trompe sur l'origine de nos problèmes. Intellectuellement, nous pensons connaître les causes réelles de nos soucis, or ce n'est généralement jamais le cas. Grâce à cette lecture particulière, nous pourrons découvrir à quel niveau se situent les problèmes que vous ressentez chez Sam : s'ils sont physiologiques, émotionnels ou vibratoires, voire les trois !

Marie n'était pas convaincue que l'aura de son fils contienne les informations susceptibles de révéler ses problèmes, mais elle ne protesta pas.

– Vous savez, par moment Sam me semble tellement étrange et inatteignable que le diagnostic de maladie mentale me paraît vraisemblable. D'autres fois, quand je l'entends parler à sa maîtresse d'école, par exemple, il me semble si intelligent, si profond ! Son attitude est tellement contradictoire que je ne sais pas comment l'interpréter.

Voyant que les adultes avaient repris leur conversation, Sam retourna s'asseoir et recommença à dessiner.

Marie jeta un rapide coup d'œil à sa montre.

– Permettez-moi de vous demander combien de temps durera la séance ? Je travaille tout à l'heure, et quand il n'est pas à l'école, je le dépose à la garderie pour qu'on s'occupe de lui en mon absence.

Avant même qu'Elena ne puisse répondre, Sam leva les yeux vers elle. Il murmura :

– La garderie, c'est pas pour moi. La garderie ça devrait être pour ma maman, elle est fatiguée ! C'est elle qui a besoin qu'on s'occupe d'elle !

Puis il se pencha à nouveau sur son dessin ; sa curiosité relative à la conversation semblait avoir soudainement disparue.

La réflexion du petit garçon emporta Elena loin

dans ses pensées. Elle médita un instant sur les paroles de Sam et le message qu'elles leur transmettaient. Avec ses mots d'enfant, il était délibérément allé droit au but : sa mère avait besoin d'aide, pas lui.

Elena saisit cette occasion pour approfondir un sentiment qui l'avait envahie à leur arrivée :

– Dans une heure, nous aurons fini, ne vous inquiétez pas. Mais avant de débuter la séance, j'ai une question à vous poser. À votre arrivée, je n'ai pu m'empêcher de remarquer que vous aviez l'air agacé. Puis-je vous demander ce qui vous a énervé durant les premiers instants de notre rencontre ?

Pour la première fois, Marie la regarda droit dans les yeux. Une émotion forte la saisit. Elle ne s'attendait pas à ressentir un tel mal-être. Les mots ne venaient pas. Elle se fit violence pour briser ce silence embarrassant. Prenant une profonde inspiration, elle parla d'une voix mal assurée :

– Je ne sais pas ce qui a traversé mon esprit à ce moment précis, commença-t-elle, mais depuis deux ans, nous avons rencontré mon fils et moi-même tant de thérapeutes différents… Ni le pédiatre, ni la psychologue n'ont pu nous aider et j'ai le sentiment qu'il est absurde de continuer à chercher des solutions pour que Sam soit plus heureux et plus communicatif. Peut-être devrais-je simplement lui laisser le temps de grandir… Sans vouloir vous blesser, je me demande bien ce que nous faisons ici.

– Je comprends vos craintes, Madame. Sam a beaucoup de chance d'avoir une maman qui ne se décourage pas, même si la quête vers un mieux-être peut paraître longue.

– Vous savez, pour être tout à fait honnête, entendre Sam vous parler m'a beaucoup blessée.

– Que voulez-vous dire ? A-t-il dit quoi que ce soit de blessant ? Ou moi, peut-être ?

– Non, vous ne comprenez pas… Ce que je veux dire, c'est qu'il ne me parle jamais ! Sam ne m'a encore jamais adressé un seul mot en six ans. Il parle à certaines personnes, mais jamais à moi ni à son père.

Bouleversée par cet aveu, Marie se tut. Le silence s'installa d'un coup, même le stylo feutre de l'enfant ne faisait plus de bruit en glissant sur la feuille de papier. Ce qu'Elena avait pris pour de l'irritation était en fait un trop plein de souffrance. Perplexe, elle attendit la suite.

– L'entendre vous parler m'a fait mal. Il ne vous connaît pas et il discute avec vous sans difficulté. Alors qu'il ignore sa propre mère. Je… Je ne le supporte plus.

La gorge nouée, Marie baissa le visage et fixa le plancher.

Elena resta interdite. Décidément, Sam était un drôle de personnage, jamais elle n'aurait soupçonné que cet enfant ne parle pas à ses parents tant son expressivité était grande. Or, si la détresse de cette femme la touchait profondément, le sentiment de solitude et de rejet qui l'habitait l'émouvait plus encore.

La thérapeute sentit combien Marie en voulait à son fils de son mutisme, et que ce petit être obstiné suscitait chez elle quantité de questions. Cependant, sa douleur la privait d'un regard plus vrai sur son enfant.

– Marie, je ne comprends pas, votre fils vous parle !

– Non, je vous assure, il ne m'a jamais adressé la parole. Même ses premiers mots, il les a dits à quelqu'un d'autre.

– Marie, il est peut-être vrai que Sam ne s'exprime pas avec vous par des mots, mais il le fait autrement, de manière indirecte ! Par des gestes, notamment : lorsque vous êtes entrés, il vous a proposé de vous asseoir sur ce siège en vous le désignant du doigt et vous l'avez compris, puisque vous vous y êtes installée.

Interloquée, Marie la fixa sans rien dire.

– C'est vrai, je n'avais pas envisagé notre relation sous cet angle. Je me suis toujours concentrée sur la parole…

Après une pause, elle ajouta :

– Depuis des années, je me plains de mon enfant à qui veut l'entendre ; je ne supporte plus qu'il m'ignore de la sorte. Souvent, je me dis que je pourrais être sur la lune, il ne s'apercevrait pas de mon absence.

– Sam vous indique ce qu'il souhaite vous transmettre, répondit Elena, mais il vous fait aussi ressentir physiquement ce qu'il ne dit pas avec des mots. Ainsi le simple fait d'être ici nous prouve que vous percevez son malaise et qu'il aimerait que vous l'aidiez à trouver une solution pour être enfin libre de s'exprimer, de vous parler.

Existe-t-il réellement un espoir ? s'interrogea Marie. Ses doutes sur l'équilibre mental de son fils perduraient depuis si longtemps, que même cette perception nouvelle de leur relation ne l'enthousiasma guère.

– Ce que je ne supporte plus, c'est de ne pas comprendre pourquoi il refuse de me parler. Pourquoi il vous parle à vous et pas à moi. Il sait la peine que cela me fait.

Agacée, elle s'avança sur le rebord du fauteuil.

– Du reste, peu importe qu'il communique à sa manière, il reste anormal de préférer la compagnie d'un être invisible à ses camarades d'école !

Sam, immobile, ne quittait pas sa mère des yeux. Son visage était impassible. Mais le crayon en suspens dans sa petite main laissait penser qu'il était particulièrement attentif et sensible à sa détresse.

L'intensité de sa présence faisait sentir à la thérapeute combien Sam souffrait lui aussi de son silence ; il semblait s'effacer pour que sa mère puisse s'épancher à loisir. *Son mutisme est-il délibéré ou induit par autre chose ? A-t-il réellement un ami imaginaire ?*

Elena se demandait qui était véritablement son patient ce jour-là : le fils ou la mère ?

Marie reprit d'une voix émue.

– À force de chercher des réponses à son silence, j'ai commencé à avoir l'impression d'être une mauvaise mère, vous comprenez ? Qu'attend-il de moi ? Je ferai tout pour qu'il s'adresse enfin à moi ! Mais que dois-je faire de plus ?

Cherchant au fond d'elle une parole réconfortante, Elena hésita. Au lieu de lui répondre, elle laissa le silence s'installer. Elena la sentait émotionnellement à bout de force et de ressources ; or intérieurement, elle se réjouissait pour elle, car elle savait que la lecture de l'aura lui apporterait bientôt des réponses précises et que sa vie et celle de son fils prendraient définitivement une nouvelle tournure.

Cet enfant est un éblouissement, songea-t-elle, rayonnante.

3.

Se tournant vers Sam, Elena le pria de monter sur la table de massage et de s'y allonger. Très à l'aise, il s'installa confortablement. Son petit corps se relâcha immédiatement. Alors qu'elle l'enveloppait dans une douce couverture de coton, il lui dit :

– Tu sais, je suis content que tu regardes à l'intérieur de moi.

La familiarité avec laquelle lui parlait cet enfant – comme s'ils s'étaient toujours connus – l'enchanta. Il lui faisait penser à l'attitude si pure des enfants de deux-trois ans qui sont, avec chacun, dans une immense intimité, comme si la différence adultes / enfants n'existait pas.

– Merci de ta confiance, Sam. Si tu es d'accord, nous allons non seulement écouter ce que ton aura a envie de nous communiquer, mais aussi transformer les éventuels blocages que nous découvrirons. Tu ressentiras la vibration avec laquelle je travaille, comme si tu étais à l'intérieur d'un agréable cocon. Et si tu veux raconter une histoire ou partager ce que tu ressens, tu le fais. Ici, Sam, tu es libre d'être qui tu es, d'accord ?

– Oui, oui. J'ai compris, répliqua-t-il en riant : dans ta maison, je peux être Sam !

Il leva son petit visage vers elle et lui confia :

– Tu sais, je me sens bien avec toi.

Le cœur de la thérapeute s'emplit d'une infinie tendresse. Intuitivement, il savait qu'elle percevait sa nature véritable, mais son jeune âge l'empêchait de pouvoir l'exprimer par des mots. *Dans notre société*, pensa-t-elle, *nous avons trop l'habitude que les adultes soient porteurs de la connaissance et enseignent aux plus jeunes.* Or, dans cette famille, son travail consisterait à mettre en avant le rôle d'enseignant de Sam envers ses parents.

Les mains d'Elena commencèrent à explorer l'aura du petit corps allongé. Son énergie était d'une pureté peu commune. Elle filait comme une étoile, d'une lumière tout à fait inhabituelle. La fluidité de sa vibration la ravissait et l'emportait dans de lointaines dimensions. En promenant ses mains plus avant dans les champs vibratoires de Sam, elle expérimenta dans son propre corps les instants où il ne faisait qu'un avec l'amour divin, uni à cette incroyable énergie qui anime tous les êtres. Les yeux fermés, Elena se laissa immerger dans son immensité.

Sam était radieux. Le temps semblait suspendu. Ses yeux fermés s'ouvraient sur l'image étincelante d'Ip, qui avait pris la forme d'un gigantesque soleil. La voix de son ami, de son âme sœur, lui répétait encore et encore les mêmes mots, comme une litanie, un chant mélodieux qui montait dans tout son être tel un écho : « Tu es heureux ! Tu es heureux ! ». La récitation de ces paroles, telles un mantra, entraînait Sam dans un état extatique. Mille autres mélodies accompagnaient ce chant, se répondaient, se reflétaient pour faire jaillir du plus profond de son âme un incroyable élan d'amour pour la Vie, pour cette femme qui l'avait reconnu.

La facilité de lecture enchanta Elena qui explorait à présent le quotidien de Sam : il allait à l'école, jouait avec des camarades, pourtant cette vie de tous les jours ne paraissait pas l'intéresser. *Son lien au monde invisible est incroyablement puissant,* pensa-t-elle, surprise. Cependant, elle nota intérieurement que la fondation de son premier chakra, bien que très pure, était fragile. Rien d'étonnant toutefois, car cela lui indiquait simplement qu'il avait souvent la tête dans les étoiles.

L'exploration du deuxième chakra révéla un déséquilibre inattendu : Elena ressentit subitement en elle un grand décalage, une intense fatigue. Consciente que cet épuisement émanait de son jeune client, elle lui demanda :

– Dis-moi Sam, te sens-tu fatigué durant la journée ? Dors-tu suffisamment la nuit ?

Le petit garçon étendu garda les yeux fermés et ne répondit pas, tout à son plaisir d'être bercé par les puissantes énergies qui vibraient dans son corps et autour de lui. Un sourire illuminait son visage.

– En fait, intervint la maman, Sam dort mal. Depuis sa naissance, le rythme de son sommeil est très perturbé par de nombreux cauchemars. Une fois consolé, il se rendort vite, contrairement à mon mari et moi. Nous n'arrivons plus à refermer l'œil : nous restons allongés dans le noir, à attendre ses prochains cris. Souvent, la nuit est finie pour nous, le sommeil ne revient pas.

Après un soupir, Marie ajouta d'une voix plus agitée :

– Vous ne pouvez pas imaginer comme c'est épuisant de supporter toute la journée une fatigue accumulée depuis six ans. Mon époux et moi sommes physiquement à bout. Nerveusement aussi. Et comme si cela ne suffisait pas, Sam est complètement décalé par rapport à notre sommeil : il s'endort vers seize ou dix-sept heures et se réveille tous les matins vers quatre ou cinq heures.

Sans un mot pour son fils, sans un regard vers lui, elle continua d'exprimer son mécontentement dans un flot de paroles :

– La psychologue, le pédiatre, les conseils bienveillants, rien n'y fait ; je suis tellement lasse de leurs suggestions. Le pire, c'est que je m'y accroche quand même. À chaque fois, j'y crois ! Je suis épuisée de ces conseils inutiles qui ne résolvent rien !

La mère fixa la thérapeute dans les yeux. Elle implorait implicitement son aide mais semblait ne plus y croire.

– Comme je ne sais plus quoi faire pour qu'il dorme plusieurs heures d'affilée, j'ai décidé depuis quelques semaines de le forcer à rester éveillé au moins jusqu'à dix-neuf heures, pour l'épuiser un maximum. Mais cette situation est pénible.

Marie revoyait Sam lutter bravement pour tenir debout, les yeux ensommeillés ; il le faisait pour lui faire plaisir, elle s'en rendait compte, mais comment gérer autrement ses insomnies ? Rien de ce qu'elle avait fait jusqu'à présent n'avait donné de résultats. Regarder son fils en fin d'après-midi lui fendait le cœur : les yeux vides, allongé sur le canapé du salon, il résistait courageusement à la fatigue en attendant le repas du soir. Le voir ainsi lui était insupportable.

L'irritation la gagna.

– De toute manière, peu importe l'heure à laquelle il se couche. Quoi que nous fassions, il se réveille immanquablement aux aurores…

La frustration de cette femme ne surprenait pas Elena. La privation de sommeil détruisait lentement sa patience et son amour pour son fils. Il était important que cette situation pénible ne s'éternise pas.

Les mains de la thérapeute continuaient à se déplacer çà et là au-dessus du petit corps au gré de l'énergie du garçon, à la recherche de l'origine de ce déséquilibre. Ni la maladie ni une émotion particulière ne semblaient causer ce trouble du sommeil. Alors pourquoi de tels cauchemars, et pourquoi son rythme était-il si décalé ?

Marie se remémora les réactions déraisonnables de son mari à bout de force, qui supportait de moins en moins d'endurer le manque de repos. Intentionnellement, elle décida de taire son angoisse principale : depuis peu, elle s'était rendu compte que les voyages d'affaires à l'étranger de Laurent étaient plus longs et plus fréquents. Elle le soupçonnait de fuir la maison, sa manière à lui d'échapper à l'épuisement qui les consumait tous les deux. Il s'écartait imperceptiblement d'elle et leur intimité lui manquait. Marie redoutait parfois que son mari la quitte, tant le comportement de Sam l'affectait. *Alors oui*, pensa-t-elle, *Sam manque peut-être de sommeil, mais nous aussi.*

Nul ne soupçonnait combien Marie se sentait le cœur lourd. L'absence de partage et de compréhension de la part de Laurent était difficilement supportable, mais ce n'était rien comparé au mutisme et aux excentricités de Sam qu'elle avait endurés sans se plaindre pendant quatre ans. Or, depuis deux ans, elle cherchait partout de l'aide, n'importe laquelle… Même celle d'une voyante !

Le visage fermé, Marie ajouta avec une note d'humour désenchanté :

– Si vous pouviez nous aider sur ce point, ce serait déjà un miracle ! Car mis à part lui faire prendre des somnifères, je crois que nous avons tout essayé !

Ces mots révoltés anéantirent subitement la joie qui avait envahi Sam peu avant. Lentement, du fond de son âme, monta une grande tristesse. Il était bouleversé.

Troublée, Elena perçut son brusque changement d'humeur. Elle le sentit frémir sous ses mains à la moindre variation de la voix de sa mère, aux moindres nuances d'apitoiement et à la tristesse qu'il discernait dans son agacement. Elle comprenait que Sam cherchait en lui une réponse qui adoucirait le chagrin maternel. Par sa faute, devait-il penser, sa maman souffrait.

Le cœur d'Elena se serra.

Les pensées de Sam se bousculaient dans sa tête, mais il ne parvenait pas à les exprimer. Il se sentait terriblement coupable. Mais comment chasser l'ombre pour laisser place à la lumière ?

Dans le silence revenu, il lui semblait que personne n'entendait la détresse l'envahir.

Sam se sentait à nouveau seul au monde.

Quand je pleure à l'intérieur de moi, remarqua-t-il tristement, *personne ne voit mes larmes couler.*

– Marie, c'est magnifique ! s'écria Elena. L'aura de Sam nous montre ce qui est déréglé dans le rythme de son sommeil !

Impatiente, Marie regarda la thérapeute pleine d'espoir.

– Que voyez-vous ?

– L'explication me semble assez farfelue… Je ne sais pas trop comment vous le dire…

– Écoutez, je suis fatiguée des mystères. Si vous voyez quelque chose, dites-le-moi !

– Eh bien… Sam est en plein décalage horaire !

Un sourire entendu éclaira le petit visage de Sam. Ses yeux s'entrouvrirent l'espace d'un instant, dans l'attente discrète de la suite.

– Mon Dieu ! Moi qui croyais avoir tout entendu ! s'exclama Marie.

Elena riait intérieurement : *sacré Sam ! Jamais un client ne m'avait fait un coup pareil !* Sans une longue pratique en thérapie énergétique, elle n'aurait certainement jamais énoncé une telle énormité. Mais combien de fois avait-elle assisté à d'impressionnantes améliorations après avoir modifié un blocage en se fondant uniquement sur l'explication surprenante transmise par l'aura de son client ?

– Je sais que cette explication vous paraît invraisemblable, mais depuis que je pratique cette forme de thérapie, j'ai appris à ne juger de rien. Notre mental croit tout savoir, tout connaître : il nous trompe avec ses théories et ses certitudes. La preuve en est que nous gardons nos pires habitudes, alors même que nous savons les analyser et que nous comprenons qu'elles nous nuisent.

Elle demanda par conséquent à Marie de ne pas rejeter cette curieuse explication quant aux difficultés de sommeil de son fils.

Comme Marie ne disait mot, elle poursuivit la lecture aurique :

– Sam, j'ai l'impression que tu es très lié à la Chine ; comme si en venant au monde, tu avais imaginé naître là-bas plutôt qu'ici ! En modifiant tes vibrations, tout devrait rentrer dans l'ordre. Dormir deviendra un plaisir. Donc, si tu es d'accord, nous allons ensemble rééquilibrer ce malentendu et, ajouta-t-elle d'une voix enjouée, t'installer dans notre fuseau horaire !

Le petit garçon se trémoussait librement sur la table de massage, mimant avec ses bras une chute vertigineuse vers le sol, qui fit penser à Elena à un avion qui atterrit enfin sur le bon territoire. Elle observa cet étonnant enfant qui, l'air de rien, imposait sa présence. *Quelle infinie douceur émane de lui !* Mais il y avait autre chose… Pris par son jeu, le regard de Sam croisa celui de la thérapeute. Elle fut saisie par ses yeux clairs et fixes. Ces yeux ! On ne voyait qu'eux : ils étaient pétillants, flamboyants. La joie pouvait les faire scintiller, la culpabilité les vider de toute lumière.

Dans l'enthousiasme de la découverte, Elena ne faisait plus attention à la mère qui la scrutait d'un air sceptique et découragé. *Le problème de mon fils viendrait d'un « décalage horaire »... Mon Dieu ! Une fois de plus, je me suis trompée de thérapeute. Il est urgent que j'arrête de courir après le remède miracle. Rien au monde ne l'aidera. Peut-être devrais-je écouter Laurent et laisser faire la nature. Sam est tel qu'il est, à moi d'accepter ses étrangetés. Avec le temps, il évoluera peut-être vers une plus grande normalité ?*

Elena la tira de ses réflexions :

– Marie, j'imagine combien ma manière de travailler doit vous sembler insolite et loufoque. Cependant, même si vos doutes sont légitimes, j'aimerais que vous m'accordiez votre confiance, et surtout que vous l'accordiez à votre fils : à la place de vouloir le faire entrer dans votre univers, je voudrais que vous entriez dans le sien. Après tout… qu'avez-vous à perdre ?

– Vous vous rendez compte que ce que vous me racontez n'a aucun sens ?

– Les personnes qui n'ont pas accès au monde invisible pensent simplement qu'il n'existe pas. Pourquoi ne pas vous autoriser à poser un regard neuf sur le monde et les êtres humains ? Voilà ce que je souhaiterais de votre part : ne pas juger ma manière de travailler, ni les messages transmis par l'aura de Sam. Libérez-vous durant quelques jours de vos croyances sur ce qui est juste et ce qui ne l'est pas. Laissez-vous porter par le manque de repères : essayez de vous détacher des apparences, de ce qui est « normal » ou « anormal ».

La thérapeute se tourna vers le petit garçon : il demeurait immobile, comme sous l'effet d'un charme.

Elena fut frappée par l'expression de reconnaissance qui bouleversait son visage.

Prise d'un nouvel élan, elle planta son regard dans celui de Marie.

– Pour trouver un sens à la vie, interrogez-vous sur la réalité de ce que vous percevez. Grâce au travail en thérapie énergétique, vous pourrez découvrir qu'il existe tout un monde au-delà des apparences ; cela pourrait vous rapprocher de votre fils. Après tout, vous ne prenez aucun risque à vous libérer de ces jugements intellectuels, seul compte le résultat : que Sam dorme enfin chaque nuit paisiblement.

4.

Le soir tombait. L'heure arrivait pour Sam d'aller au lit. Cette première nuit après la séance avec Elena était déterminante pour Marie : une preuve qu'elle avait eu raison de lui accorder sa confiance ou que la thérapie énergétique était une farce.

Posté à la fenêtre de sa chambre, Sam tendait le visage vers le ciel à la recherche de la lune. Il devinait sa présence à sa lueur sur les nuages. *Les étoiles aussi ont disparu*, observa-t-il. *Pourquoi la lumière disparaît-elle quand le soir tombe ?*

Pour le rassurer, sa mère lui avait expliqué que le soleil partait chaque nuit éclairer la Chine et revenait invariablement le lendemain matin. Malgré ces paroles rassurantes, l'inquiétude l'envahissait chaque soir lentement. *Et si je parvenais à me déplacer avec le soleil, je pourrais suivre la lumière et ne jamais connaître l'obscurité ?* Conscient de son impuissance d'enfant, il jeta un regard alentour : *comment vivre dans les ténèbres ? Où m'enfuir quand l'obscurité est totale ?*

Il ne trouvait en lui aucune réponse, rien d'autre que sa peur face à l'inconnu.

Résigné, Sam se dirigea vers son lit et enjamba les jouets qui traînaient sur le sol. Comme tous les soirs, il craignait de faire des cauchemars. Il redoutait la vague qui l'engloutissait et le terrifiait toujours au crépuscule : il était hanté par l'obscurité. Par le vide. Par le rien.

Contrairement à ses habitudes, Marie s'attarda dans la petite chambre, rangeant un jouet qui traînait, replaçant d'un geste rapide un coin de l'oreiller. Sam sentit qu'elle ne savait pas comment s'en aller, comment lui souhaiter bonne nuit. La lenteur de cette séparation l'inquiéta. Il leva les yeux pour observer son manège. *Si elle hésite tant à me laisser seul, c'est qu'il y a quelque chose à redouter, non ?*

Elle ferma les volets et vint s'asseoir sur le rebord de son lit. Elle le dévisagea avec attention, puis installa le duvet jusque sous son menton. Sam tenait son doudou fermement sous son bras droit, comme s'il avait peur que celui-ci ne s'échappe.

Marie se pencha finalement vers lui, déposa sur sa joue un doux baiser et lui murmura tendrement :

– Mon chéri, rappelle-toi ce qu'Elena t'a dit cet après-midi : tu as un trésor en toi. Durant ton sommeil, tu vas le découvrir, il brille de mille feux et illuminera désormais tes nuits. Dors, mon bébé ! Je t'aime fort, mon cœur.

Intimidée par l'élan d'amour qu'elle ressentait pour son enfant, Marie sortit doucement de la pièce faiblement éclairée par une veilleuse. Elle l'avait achetée des années plus tôt suite aux nombreux cauchemars de Sam. En l'installant, elle lui avait raconté qu'elle aussi, enfant, avait eu une veilleuse qui éclairait sa chambre. Marie avait ajouté, comme sa propre mère à l'époque : *ainsi tu verras que même dans l'obscurité la plus totale, dans les moments les plus noirs de ta vie, une petite lumière continue de briller !*

En sortant de la pièce, elle éteignit et murmura un « bonne nuit » à peine audible. Sam resta allongé sur son lit, les yeux mi-clos. Il n'osait plus bouger. Ni respirer. Depuis que sa mère avait allumé fièrement la veilleuse pour la première fois, sa peur avait empiré : pourquoi n'avait-elle pas compris que la demi-obscurité était pire que le noir total ? Qu'elle donnait un air menaçant aux meubles et aux jouets de sa chambre ? Sam aurait tant souhaité qu'ils soient restés invisibles.

Parce que dans la pénombre, il avait peur. Une peur panique.

Des sanglots entrecoupèrent bientôt sa respiration. Il peinait à reprendre son souffle. Sam se sentait vide et absent à lui-même. Rien n'existait plus autour de lui. L'angoisse s'emparait de tout son être. Pourquoi durant la nuit, son ami invisible ne venait-il jamais à son secours ? Il avait pourtant tellement besoin de lui ! *Viens dormir avec moi, Ip !* suppliait-il. *Pourquoi n'es-tu jamais là lorsque je ferme les yeux ?* En boule, Sam laissa l'inquiétude le submerger et gémit en silence, le visage enfoui dans l'oreiller. Comme chaque nuit, son fidèle ami ne répondit pas à sa détresse.

Ses yeux commencèrent à le démanger et il se mit à les frotter avec force. *Au moins le marchand de sable, lui, ne m'oublie jamais,* marmonna-t-il. À cette pensée, une nouvelle peur surgit : et si le sommeil ne venait pas ? Ou alors s'il venait trop vite ? À moins que ce ne fût l'inverse : peut-être dormait-il déjà ? Sam se retourna dans son lit et se mit en position fœtale sur l'autre flanc, son doudou collé contre son corps.

Ses larmes séchèrent bientôt sur ses joues et sur l'oreiller. L'épuisement le gagnait, la peur de céder au sommeil aussi : la frontière entre rêve et veille, monde visible et invisible, était si ténue. Sa tête bouillonnait sous le feu des questions sans réponse. *Quand je dors, où est-ce que je vais ? Qui veille sur moi quand je dors ? Où va le monde invisible dans la nuit ?*

Un vertige intérieur l'emporta et souleva son cœur. Un vertige face au vide, au néant.

L'obscurité sembla soudain plus sombre. Sam se souleva légèrement et, s'appuyant sur un coude, il tenta d'ouvrir les yeux le plus grand possible comme pour mieux voir dans le noir. Dans le silence pesant, le petit garçon se mit à réciter intérieurement le prénom de son ami invisible. Une mélodie sans fin, comme un mantra éternel. Une litanie silencieuse, car parler à voix haute aurait signifié entendre sa propre voix, seule dans ce silence, et cela aurait été plus effrayant encore.

Jamais Sam n'aurait osé briser le silence.

En vérité, il y avait bien un bruit, ou plutôt un son, qui résonnait en lui : il sentait son cœur battre fiévreusement dans sa poitrine.

Soudain, faisant écho à ses nombreuses suppliques, la voix d'Ip surgit de nulle part :

– Endors-toi, Sam. Pense au parfum de la terre, chuchota-t-il. Respire l'odeur de la résine. Ressens le soleil sur ton visage.

Sam imagina son ami, qui marchait avec lui dans le jardin, saluant les fleurs, l'arbre et les pierres. Son cœur se mit à battre plus lentement, plus paisiblement, pour se calquer au mouvement qu'il sentait s'élever de la Terre.

– Je suis Sam. Je suis Sam. Je suis Sam. Je suis Sam. Je suis Sam. Je suis Sam.

Il répéta avec ferveur et sans discontinuer ces

trois petits mots, encore et encore. Comme une berceuse, un rituel de protection et de réassurance pour dissimuler l'absence de son merveilleux ami, à nouveau reparti.

Blotti dans son lit au duvet si chaud, l'enfant s'abandonna lentement à l'épuisement.

Dans le noir, je ne vois rien, songea-t-il. *Je ne sens rien. Où suis-je ?*

Dans le sommeil, Sam ne craignait pas de mourir. En vérité, il tremblait de ne pas retrouver, le lendemain matin, son ami invisible.

5.

Assis dans sa chambre, la porte ouverte, Sam jouait joyeusement avec Ip. Si la nuit appartenait à la peur, le jour, lui, était voué aux jeux avec son inséparable ami transparent. Du salon, Marie entendait quelques bribes de monologue, des fous rires et des chuchotements.

– Non, c'est toi, *Franck-Einstein* ! Toi, tu es le monstre savant et moi je suis le gentil qui te transforme en robot.

Elle l'entendait sans écouter, occupée à faire les cent pas : elle espérait un appel d'Elena, or le coup de fil n'arrivait pas.

– Mais le chat, je ne t'ai pas dit de partir !

Le petit garçon sortit en courant de sa chambre, un feutre violet dans sa main. Il se mit à crier :

– Où est le chat ? Où est le chat ?

Apparemment, l'envie lui avait pris de le peindre. Il dévala l'escalier à la recherche du chat noir et blanc qui, terrifié, s'était réfugié dans la cuisine.

Marie entendait vaguement son fils tenter de convaincre le chat qu'il serait « si joli » en violet. *Une heure... Comme le temps passe lentement quand on est dans l'attente*, pensa-t-elle. Assise sur le canapé du salon, elle feuilletait un magazine sans vraiment le regarder. *Le répondeur d'Elena a-t-il bien enregistré mon message ?* Un coup d'œil au journal, un autre par la fenêtre, puis à sa montre. *Et si elle travaillait jusqu'au soir ?* Marie soupira en s'emparant du combiné. *Je devrais peut-être la rappeler ?*

Un regard en direction de la cuisine lui indiqua que son fils s'était désintéressé du chat. Il avait déniché une feuille de papier sur laquelle il commençait un « chef-d'œuvre ». Selon les fragments de conversation – unilatérale – qui parvenaient à Marie, Ip semblait admirer l'œuvre d'art. *C'est en fin de compte très avantageux d'avoir un ami imaginaire,* songea Marie, attendrie, *on peut lui faire dire uniquement ce que l'on a envie d'entendre !*

Les jeux insolites de son fils, sa petite voix mélodieuse qui remplissait la maison, l'émurent profondément. Les paroles d'Elena de la veille résonnèrent à nouveau en elle. Son émerveillement pour Sam lui allait droit au cœur : *cela fait si longtemps que je n'avais plus ressenti cela.*

Dans la cuisine, Sam montrait à Ip avec

enthousiasme la nouvelle signature qu'il avait laborieusement écrite au bas de son dessin.

– Tu comprends, j'écris mon prénom comme ça : « SamM ». Je lui colle un deuxième « M ». Parce qu'aujourd'hui, on est un jour spécial, un jour que j'aime. Aujourd'hui, tout va bien. Et demain, je collerai une autre lettre à mon prénom, parce que demain sera un autre jour !

Ces mots firent sourire Marie, à nouveau surprise par cet étrange mélange de sagesse et de douceur. Elena avait bien compris Sam lorsqu'elle lui avait dit qu'il les invitait à avoir un regard toujours neuf sur le quotidien.

L'écriture de son prénom, qui se transformait chaque jour, en était la preuve : sa signature, son identité, correspondaient au personnage : intérieurement, il changeait constamment.

Bien vite, Marie repensa à cet appel qu'elle attendait impatiemment. Elle ne tenait plus en place : après avoir téléphoné à son mari à Londres, puis à sa belle-mère, elle voulait annoncer à Elena l'incroyable nouvelle : Sam avait dormi d'une traite, sans cauchemar.

« Un miracle ! », avait-elle dit à Laurent. « Un coup de chance », avait-il rétorqué. Il cherchait à calmer l'enthousiasme de son épouse qui semblait animée d'une nouvelle vitalité. Loin de lui l'envie de la blesser, mais elle allait trop loin. Il ne pouvait en supporter davantage. Des espoirs et des désillusions, ils en avaient tant connus qu'il refusait de s'enthousiasmer inutilement. Sa méfiance était d'autant plus grande qu'il la trouvait naïve de se laisser aussi facilement abuser : son fils se serait trompé de fuseau horaire ! Il n'en revenait toujours pas qu'elle ait pu adhérer à une idée aussi grotesque.

Marie n'avait pas réagi. Ces échanges blessants la plongeaient dans la tristesse et elle ne voulait plus y répondre. Elle préférait croire qu'il s'était vraiment passé quelque chose cette fois-ci. Bien entendu, Laurent avait raison, cette idée de fuseau horaire était absurde, mais à quoi d'autre se raccrocher si ce n'était à cette preuve : Sam avait bien dormi !

Elle prêta à nouveau l'oreille au monologue de Sam.

– Tu as faim le chat ? Très faim ?

Sam s'accroupit près du museau de l'animal.

– Oooh ! Ip ! Regarde le chat : il fait ses yeux d'orphelin !

Un bruit terrible venant de la cuisine l'alerta. Stupéfaite, elle découvrit Sam ravi qui faisait virevolter sa canne-à-pêche devant le museau du chat : à la place de l'inefficace boule d'aluminium, il y avait fixé un morceau de sushi. L'animal, hors de lui, dévastait la cuisine dans l'espoir d'attraper le poisson cru volant.

La sonnerie du téléphone empêcha Marie de le gronder. Elena la rappelait enfin.

– Bonjour Marie, vous avez cherché à me joindre ?

– Bonjour, merci de me téléphoner aussi rapidement après notre entrevue d'hier. Je tenais vraiment à vous parler, mais je ne voudrais surtout pas vous déranger…

– Ne vous inquiétez pas, je suis ravie de votre appel. J'ai pensé à vous ce matin, je me demandais comment s'était passée votre nuit.

D'une voix claire et remplie d'excitation, Marie lui répondit :

– C'est incroyable : Sam ne s'est pas réveillé ! Aucun cauchemar ! C'est extraordinaire !

– Fantastique ! C'est une excellente nouvelle.

– Bien sûr, ce n'est pas la première fois, mais c'est si rare ! Un vrai miracle !

– Oh ! N'allez pas vous imaginer qu'un miracle s'est produit ! Hier, nous avons véritablement transformé les énergies de votre fils, et quoique l'explication de son déséquilibre nous semble saugrenue, elle est bien réelle. Il devrait bien dormir, maintenant.

– Vous savez, mon mari pense que vous êtes un charlatan… Mais je ne suis pas du tout du même avis, s'empressa d'ajouter Marie.

– La méfiance de votre époux à mon égard est légitime… Il serait aisé d'imaginer que ce résultat soit uniquement dû à ma suggestion.

– Laurent est certain que le miracle ne se reproduira pas. Mais pour ma part, je ne peux m'empêcher de penser qu'il s'est incontestablement passé quelque chose.

– Je suis d'accord avec vous, mais il est aussi très important de rester vigilant : votre inquiétude vous rend particulièrement influençable.

– Je m'en rends compte…

– Pour ma part, l'effet de la transformation est tangible et il durera aussi longtemps qu'un nouveau déséquilibre n'interviendra pas.

– Mais cela semble si magique…

– Il est vrai que ce type de thérapie n'est pas ordinaire, mais il n'y a là ni magie, ni illusion. Le « décalage horaire » de Sam a véritablement été modifié, comme si les aiguilles de sa montre avaient été reculées pour passer de l'horaire chinois à celui de la Suisse.

Enthousiaste, Marie ajouta, comme si elle n'avait pas écouté :

– Attendez ! Vous n'avez pas encore entendu le plus beau : ce matin, Sam a parlé de sa nuit à Ip. Ils étaient assis dans sa chambre à jouer tranquillement et comme à mon habitude, je l'écoutais bavarder, assise sur la dernière marche de l'escalier, derrière la porte. Il a dit quelque chose de tellement adorable que je l'ai immédiatement noté pour vous le restituer tel quel. Il lui a dit : « Tu sais Ip, je vais te confier un secret : hier j'ai très bien dormi, j'ai passé ma nuit au soleil ! ».

Elena se sentit profondément touchée. *Cet*

enfant a un don incroyable : il réussit si facilement à mettre en image ses pensées et son ressenti.

– Vous avez un petit garçon surprenant. Il y a tant de beauté chez lui ! Avec ses mots d'enfant, il a confirmé à son ami Ip que l'obscurité est désormais définitivement chassée de ses nuits : il n'a plus peur du noir, car il a trouvé sa lumière intérieure. Sam peut désormais passer ses nuits « au soleil ».

Elle remercia Marie de ce partage, puis avant de raccrocher, elle ajouta avec malice :

– Je pense que Sam s'est enfin ajusté à notre rythme de vie européen. Alors, j'espère que désormais, toute la famille pourra s'endormir de… « bonheur ».

6.

– Aïe ! s'exclama Marie en tenant sa main.

Le chat noir et blanc s'enfuit à toute allure en soufflant puissamment. Quel animal sauvage, pensa-t-elle, agacée, en le regardant détaler. Mais en dépit de son hostilité envers le chat, elle ne se résolvait pas à l'abandonner, car Sam l'adorait. Il était bien le seul d'ailleurs, puisque tous ceux qui s'en étaient approchés avaient reçu des coups de griffes. Au grand étonnement de tous, seul Sam parvenait à le caresser sans être écorché. *Décidément, lui seul est capable d'aimer des êtres que personne n'aime ou ne voit !*

Sam observa sa mère s'agiter dans l'escalier. Il la dépassa et se dirigea vers la salle de bain. Un léger nuage de vapeur emplit la pièce, tandis que l'eau remplissait la baignoire.

– Allez, viens, Ip, le premier dans le bain a gagné !

La lumière de la lampe du plafonnier scintillait sur l'eau agitée. Le parfum du linge propre que pliait Marie embaumait la salle de bain et se mêlait à l'air humide. Une multitude de jouets flottait autour de Sam qui contemplait son image dans l'eau brouillée. Marie repensait à l'attitude de non-jugement de la thérapeute et cela lui donnait l'envie de faire de même. *Sam est un enfant si inhabituel ; je devrais pouvoir le regarder tel qu'il est et non pas tel que je désirerais qu'il soit. Il est tellement original !*

Elle repensa, amusée, à la théorie qu'il avait tenu quelques mois plutôt à son ami invisible qui voulait que plus l'eau était chaude, plus elle ressemblait au feu, puisque l'eau très chaude brûlait la peau comme les flammes. Il en avait conclu très sérieusement que puisque le feu détruit tout, il avait besoin de prendre des bains brûlants afin de rester toujours propre.

C'est incroyable comme je me suis rapidement habituée à ce qu'il dorme normalement, songea-t-elle. *Il y a quelques jours encore, je pleurais d'épuisement et croyais la situation insoluble ; et aujourd'hui, le fait que Sam passe une nuit entière d'un sommeil profond et réparateur m'apparaît normal.*

Grâce au calme des nuits dernières, elle était reposée, et par conséquent plus patiente et plus compréhensive, mais ce qui l'apaisait particulièrement était qu'elle acceptait désormais que Sam soit un être différent, avec certaines particularités touchantes, et d'autres embarrassantes. *Après tout, il perdra peut-être ses excentricités en grandissant. Il parviendra comme tout un chacun à se faire une place dans ce monde...*

Elena lui avait expliqué que jusqu'à présent, Marie n'arrivait pas à aimer Sam pour lui-même. Elle projetait sur lui une représentation inconsciente d'un « enfant heureux ». Et puisque Sam ne correspondait pas à ses schémas, elle se persuadait qu'il était malheureux. *Il est vrai que je devrais penser aussi à mon propre bonheur.* Mais il lui semblait qu'elle ne pouvait trouver la source de son bonheur que dans celui de Sam. Or, Elena voulait qu'elle cesse de se confondre à lui. Elle devait trouver la joie en elle, et non à travers lui.

Après réflexion, Marie comprenait que la peur du jugement d'autrui l'avait forcée à faire sienne l'opinion de son entourage, qui voulait que Sam ne soit pas « normal ». Or la thérapeute avait raison, son amour pour son fils ne devait pas être dicté par les autres. Les laisser décider de ce qui était bien et beau, de ce qui ne le serait pas, ne pouvait en aucun cas refléter l'amour véritable.

D'un œil attendri, elle regarda Sam barboter dans l'eau.

– Chéri, voilà plus d'une heure que tu joues ! Le

bain va déborder à force d'y ajouter de l'eau chaude.

Sam fit semblant de ne pas l'entendre et s'exclama avec surprise :

– Regarde Ip, le bout de mes doigts ! Ils sont tout fripés, on dirait des raisins secs !

L'eau gicla sur le sol et Marie dut intervenir pour calmer le jeu. Mais à sa proposition de s'habiller, Sam secoua vivement la tête en signe de dénégation.

– Maman veut toujours me faire sortir de l'eau, s'énerva-t-il en gesticulant de plus belle. Moi j'aime l'eau : je reste dans l'eau. Sinon, j'ai une super idée ! On pourrait aller à la piscine ! Tu aimerais venir à la piscine avec moi, Ip ?

D'une oreille distraite, Marie écoutait le monologue ininterrompu de son fils. Elle le trouvait rayonnant ces derniers temps ; il riait souvent et elle priait Dieu pour que ce ne soit pas un effet passager.

Quoi qu'il en soit, il faudrait bien un jour aborder avec Elena le problème d'Ip, son ami imaginaire. *Vais-je enfin comprendre pourquoi Sam passe ses journées auprès d'un enfant qui n'existe pas ?* Le voir parler à un être invisible, rire avec lui comme si c'était une personne réelle, devenait de plus en plus dur à supporter. Ce comportement inadéquat lui pesait parfois plus que son silence envers elle.

Marie repensa au matin où, cherchant à se

rapprocher de son fils, elle s'était obligée à prétendre qu'Ip existait.

Elle était entrée dans sa chambre, s'était accroupie à ses côtés et d'un air faussement réjoui, elle leur avait proposé de jouer aux Lego Star Wars. Aujourd'hui encore, elle se sentait coupable de son erreur. Son enthousiasme avait été de courte durée, car après seulement quelques minutes de jeu, Sam s'était figé, interloqué. Il l'avait dévisagée et lui avait lancé un regard noir l'arrêtant net dans le jeu. Elle se rappelait la rage qui avait traversé ses yeux, son visage qui soudain avait exprimé l'incompréhension et la trahison. Elle avait alors compris que si elle avait prétendu croire à l'existence d'Ip, Sam, lui, le considérait véritablement comme un être vivant.

Honteuse, elle s'était éloignée au plus vite de la chambre, en prétextant un rendez-vous téléphonique imaginaire.

Marie s'était sentie démasquée, fautive d'avoir ainsi tenté de tromper son fils. Ce matin-là, elle aurait voulu disparaître de la surface de la Terre. En repensant à ce souvenir, elle sentit la douleur et le désespoir envahir à nouveau son cœur.

Ne devrait-elle pas aborder, lors de la prochaine séance, le douloureux sujet de son étrange amitié avec Ip ? Ses pensées s'enchaînaient et tourbillonnaient dans sa tête, toutes autour d'un seul et unique sujet : Sam.

C'est curieux, pensa-t-elle encore, *comme il semble heureux lorsqu'il joue ou qu'il part pour l'école ; alors qu'avec son père et moi, il semble si bizarre. C'est comme si Sam se comportait différemment selon la personne avec laquelle il est.* Amusée, elle songea que si elle avait entendu cela, la thérapeute aurait vivement réagi : « votre enfant n'est pas bizarre, il est lui-même ! ».

Et, l'espace d'une seconde, Marie eut le pressentiment que tout se passerait bien… en temps voulu.

7.

Dans la salle d'attente du cabinet d'Elena, une femme était assise et attendait le retour de sa fille. Impatiente, elle changeait fréquemment de position. Elle finit par s'emparer d'un livre sur une table basse : *Swami Muk... Impossible de déchiffrer ce nom indien ! s'énerva-t-elle. Muk-ta-nan-da !* Voilà ! Elle lut plus aisément le titre : *Où allez-vous ?** et commença à le feuilleter. Incapable de se concentrer, un magazine eut finalement sa préférence.

L'arrivée de Sam et de sa mère lui apporta une distraction bienvenue. Marie, elle, se sentit embarrassée de trouver quelqu'un dans la salle d'attente. Elle murmura un discret bonjour, s'assit et attendit, le regard dans le vague.

---

* Swami Muktananda, *Où allez-vous ? Un guide pour le voyage spirituel*, Éditions Saraswati, 1996.

Sam se réjouissait énormément de revenir dans ce lieu magique ; il s'y sentait comme à la maison. Non : c'était mieux que chez lui. Il s'approcha de la fenêtre au bas de laquelle un coffre à trésor contenait divers jouets. Quelques bandes dessinées étaient entassées contre celui-ci. Il s'empara d'un livre et se plongea dans les illustrations.

Marie, irritée, nota qu'il n'avait pas salué la femme en passant devant elle. Celle-ci penserait sûrement qu'il était très mal élevé. Mais comment se justifier auprès d'elle sans s'embrouiller ? Comment lui signifier que l'évitement de Sam n'était ni une insolence ni un manque de politesse ? Marie soupira et haussa les épaules machinalement ; après tout, ne devait-elle pas apprendre à rester indifférente face aux opinions des autres ?

Contente de cette nouvelle compagnie, la femme délaissa le magazine sur ses genoux, ôta ses lunettes de lecture et intriguée, s'adressa à Marie :

– Excusez-moi, Madame, puis-je vous demander si c'est votre première consultation ?

– Nous sommes déjà venus une fois, la semaine dernière, répondit Marie du bout des lèvres.

Elle voulait rester à distance de l'intimité imposée par cette inconnue, mais la politesse l'empêcha de paraître discourtoise.

– Il est vrai que j'en suis toujours à me

demander en quoi consiste cette thérapie et si elle est véritablement efficace, se crut-elle obligée d'ajouter.

– Consultez-vous pour votre fils ?

– Oui, il ne dormait pas très bien, répondit Marie évasive.

Elle s'empara d'un journal, espérant mettre fin à la conversation.

– Il m'est difficile d'expliquer ce qui se passe durant ces séances, continua la femme sur un ton familier plus confidentiel, mais depuis que nous travaillons sur le rééquilibrage des énergies de ma fille, elle se porte beaucoup mieux. J'étais venue ici sur la recommandation d'une amie car Eva parlait toujours toute seule. Ce n'était pas gênant quand elle était petite, mais à dix ans… Elle s'est retrouvée sans amies, elle les a toutes fait fuir.

Le visage de Marie s'illumina, elle lui adressa un regard où la curiosité le disputait à la gêne. Encouragée par son écoute attentive, la femme rangea ses lunettes dans son sac à main et reprit :

– Depuis que nous consultons Elena, tout cela est derrière nous ! En quelques séances, tout est rentré dans l'ordre. Cela me semble à peine croyable aujourd'hui, ajouta-t-elle en riant de bon cœur.

Le discours de cette femme fut un choc pour Marie ; une brèche s'ouvrit dans son cœur, un flot d'espoir s'engouffra dans son esprit : et si Sam souffrait du même mal ? Elle sortit de sa timidité pour lui demander :

– Que s'est-il passé ? Je veux dire, votre fille avait-elle une amie imaginaire ? Comment avez-vous fait pour lui faire comprendre qu'elle n'existait pas ?

– Oh ! Mais Eva n'avait pas d'amie imaginaire ! Tout était vrai !

Ravie de son effet mystérieux, elle se carra confortablement dans sa chaise :

– D'après Elena, Eva avait une sœur jumelle au tout début de ma grossesse. Mais sans que je le sache, elle a cessé son développement et je l'ai perdue. Selon elle, ma fille aurait conservé dans sa mémoire cellulaire le souvenir de sa sœur ; c'était à elle qu'elle parlait !

La mère d'Eva ressentait toujours une vive émotion en évoquant le souvenir de cette séance. La thérapeute avait les yeux fermés – pour mieux voir l'aura de sa fille –, ses mains avaient circulé au-dessus de son corps. Elena avait décrit lentement, pas à pas, ce qu'elle voyait et ce qu'elle modifiait dans l'aura de la fillette. À un moment donné, Eva s'était brusquement mise à pleurer sans raison apparente. Inquiète, elle avait voulu se lever pour consoler sa fille, mais étrangement, elle s'en était sentie incapable. Une sensation de lourdeur, pareille à une chape de plomb, s'était emparée de son corps. Sur le moment, elle n'avait pas compris : elle ne pouvait plus ni bouger, ni s'approcher d'Eva. Son corps s'alourdissait. Un profond sentiment d'impuissance s'était emparé d'elle.

En revivant ces moments intenses, les larmes montèrent aux yeux de la femme. Dans le silence, Marie la fixa, tout son corps à l'écoute. Cette inconnue lui paraissait soudain si proche… Perdue dans son souvenir, elle raconta à Marie que soudain elle avait compris le sens de son ressenti.

C'était ahurissant.

Elle sentait dans son corps qu'elle perdait un enfant.

Dix ans après avoir donné naissance à Eva, voilà qu'elle faisait une fausse couche en plein cabinet ! Une intense douleur lui avait déchiré le bas-ventre. La douleur avait été si inattendue qu'elle n'avait pu émettre le moindre gémissement. Elle regardait, ébahie, la thérapeute qui se tenait debout et entourait Eva de son bras pour la rassurer. Son ventre brûlait d'une intense souffrance. Elle ne savait plus où elle se trouvait : au cabinet d'Elena ou à la maternité.

L'expérience de cette fausse couche lui avait prouvé que cette thérapie particulière agissait véritablement, et pas uniquement sur la personne allongée, mais aussi sur l'entourage. Personne ne pouvait nier qu'il s'était effectivement passé quelque chose. Personne n'aurait pu lui infliger pareille douleur. Cette fausse couche avait laissé une empreinte à tout jamais dans son âme et dans sa chair et en prenant conscience de cet événement, son corps avait réagi seul, hors de tout contrôle mental.

Sa mémoire corporelle, ainsi que celle de sa fille, n'avait rien oublié de la perte de cet autre enfant.

La mère d'Eva raconta à Marie l'impact psychologique de cette mort sur sa fille, qui avait été incapable de laisser sa sœur s'en aller. Sous cet étonnant éclairage, l'attitude d'Eva avec les autres enfants prit un sens nouveau : chaque fois qu'elle rencontrait une petite fille, elle cherchait à tout prix à trouver en elle une meilleure amie, une amie idéale. Elle rêvait de pouvoir tout partager avec elle, comme avec une sœur jumelle. Malheureusement, après quelques semaines, la camarade étouffait sous cette trop grande affection et ne supportait plus cette fusion ; elle laissait alors tomber Eva. Chaque fois, Eva était inconsolable, elle se sentait douloureusement rejetée, ce qui ravivait l'abandon de sa sœur jumelle.

Une intimité nouvelle naissait entre les deux mères. Marie songeait au récit qu'elle venait d'entendre, au message que cette maman lui avait transmis. Cette dernière reprit en confidence :

– Depuis cette séance il y a trois mois, Eva va mieux. C'est comme si, en elle, un nœud s'était défait. Elle a retrouvé confiance et gaieté. Elle semble plus libre. Bien entendu, elle reste fragile car les autres l'écartent encore. Mais elle n'a plus jamais parlé toute seule.

Elle prit une profonde inspiration :

– Elena lui a demandé de planter un arbre afin d'enterrer symboliquement sa sœur. Sur le moment, je trouvais l'idée absurde, mais je vous assure, j'étais prête à tout pour qu'elle cesse de parler avec sa sœur défunte !

– Planter un arbre ? Pourquoi n'avez-vous pas plutôt consulté un psychologue ? Il vous aurait sans doute dit la même chose, de manière plus sérieuse.

– Pour tout vous dire, ma fille a suivi une psychothérapie. Cela l'a aidée, elle est devenue plus apte à m'expliquer ce qui se passait en elle. Elle arrivait mieux à me communiquer ses émotions et à gérer ses états d'âme. Mais sa dépendance à cette sœur idéalisée ne faiblissait pas. C'est pour cela que j'ai atterri ici.

– Mais lors de la psychothérapie, le médecin n'a jamais évoqué cette sœur jumelle ?

– Pas directement… Il a perçu son grand désir de fusion, mais l'origine demeurait inconnue. D'après Elena, la sœur d'Eva était demeurée « vivante » non seulement dans son psychisme, mais aussi dans son corps et dans son âme, ce que le psychothérapeute ne pouvait pas voir.

Sur le sol, Sam semblait concentré sur les images

dessinées. Il ne bougeait presque pas, il ne voyait rien. Il écoutait intensément ce que disaient les deux femmes. Il ressentait. Il absorbait leurs paroles.

S'il lui arrivait de tourner les pages, en réalité il le faisait d'un geste mécanique, dissocié de son esprit. Ses yeux demeuraient fermés pour mieux ressentir ce que déclenchait en lui cette conversation.

Bien qu'il n'en comprenne pas véritablement le sens, leurs phrases ne le laissaient pas indifférent. Il sentait sa mère préoccupée. Leur intonation, leur émotion et leur attitude lui firent comprendre qu'il valait mieux disparaître à leurs yeux, se dissimuler dans l'ambiance confidentielle du cabinet et les laisser parler librement.

– Ce jour-là, reprit la mère d'Eva, j'ai compris qu'il existait véritablement des dimensions de soi auxquelles nous n'accédons pas par la volonté mentale, mais par le lâcher-prise. Cela ne sert à rien de parler des énergies ou de spiritualité, ce sont là des expériences intimes et subtiles que l'esprit ne peut comprendre. Il faut les vivre, les expérimenter au plus profond de soi.

Elle parla à Marie d'un auteur qui expliquait cela avec clarté : « Imaginez que je vous parle d'un plat de nourriture qui vous est inconnu. Je peux vous en décrire le goût, la manière de le cuisiner, vous donner tous les ingrédients pour réaliser ce plat, mais malgré toute l'aide au monde, jamais vous ne saurez quel est son goût. Car pour cela, il faut en faire l'expérience personnelle : le goûter. »

Soudain, la porte du cabinet s'ouvrit et une fillette se précipita gaiement dans les bras de la femme. Dans ce tourbillon, Sam se leva d'un bond et dévisagea la nouvelle venue. Son tour arrivait enfin ! Un sourire effleura ses lèvres : il s'y amuserait davantage que dans la salle d'attente, où sa seule occupation consistait à espionner une conversation de grandes personnes. Pendant une heure, peut-être plus, il aurait la chance d'être lui-même, d'être entendu.

Elena se tourna en souriant vers le petit garçon et lui fit un clin d'œil. Elle s'approcha de la mère d'Eva pour échanger discrètement quelques mots, puis lui serra la main et lui dit au revoir. Se retournant vers Marie et Sam, elle les salua gaiement et leur fit signe d'entrer dans la salle de thérapie.

La maman de Sam se leva, hésitant sur la manière de prendre congé de la mère d'Eva. La remercier simplement lui semblait insuffisant, mais elle ne trouvait pas les mots pour lui exprimer sa gratitude d'avoir partagé avec elle son histoire insolite et si personnelle. Elle se contenta finalement d'un signe de tête, espérant qu'elle comprendrait.

Ravi, Sam rangea maladroitement dans sa hâte les livres dispersés. Puis il se leva et suivit sa mère vers la porte ouverte.

Eva, du haut de ses dix ans, observa le garçon impatient qui marchait à pas vifs. Une lueur de joie pétilla soudain dans les yeux de la fillette, et elle glissa à Sam quand il passa près d'elle :

– Tu as de la chance, c'est ton tour ! Moi, c'est la dernière fois que je vais chez la dame qui fait pousser des ailes !

8.

– Je vois que vous avez rencontré la mère d'Eva. La petite est un véritable rayon de soleil !

Elena portait une robe à fleurs qui donnait un air de printemps à l'été. Il était quatorze heures. La chaleur estivale pénétrait par la fenêtre ouverte.

– Je voudrais vous remercier encore une fois, commença Marie sur un ton formel.

Elle s'installa sur le même fauteuil que précédemment.

– Depuis la séance de la semaine dernière, notre fils dort paisiblement. Mon mari est forcé de reconnaître que son sommeil est visiblement un problème résolu.

Elena se baissa vers le petit garçon et lui tendit de quoi dessiner. Elle lui dit combien elle était contente de le revoir, et surtout qu'il dorme enfin d'un sommeil réparateur. Il leva son regard vers elle, sans dire un mot, mais la douceur de ses yeux laissait transparaître ses nombreuses émotions. Ses yeux pétillants et son short qui lui arrivait aux genoux, lui donnaient un air espiègle.

Son silence ne la surprit guère. Une fois encore, Sam s'effacerait afin de laisser une grande partie de la séance à sa mère. Il tourna lentement sur lui-même, observant les divers objets de la pièce, puis se dirigea vers l'une des trois bougies allumées. Il souffla sur la flamme : doucement pour ne pas l'éteindre, mais suffisamment fort pour la faire vaciller. Elena l'observait avec fascination, la lenteur de son geste, son visage éclairé faiblement par la lueur de la flamme tremblante transformaient son jeu en un tableau d'une grande beauté. Quand il eut fini, il s'installa au même endroit que la dernière fois sur le sol, près de la fenêtre. Le feutre jaune en main, il prit une feuille et entama le dessin d'un soleil.

Elena, réjouie du changement survenu dans la vie de Sam et de ses parents, encouragea Marie à évoquer leur quotidien depuis qu'ils pouvaient enfin dormir. Puis elle conclut :

– En résumé, nous pourrions dire que Sam est pareil à un Chinois qui serait arrivé dans une famille suisse. Son langage, sa culture, ses habitudes sont tellement différents des vôtres qu'il est nécessaire que chacun fasse des efforts pour comprendre l'autre.

– Vous voulez dire que mon mari et moi-même nous nous serions renfermés face à l'étranger ?

– En quelque sorte. Et la société fait de même devant un enfant différent : s'il ne correspond pas aux normes, la méfiance prend le dessus sur l'inconnu.

Marie s'avança sur le fauteuil :

– La dernière fois, je n'ai pas osé vous en parler, mais lorsque vous avez évoqué la Chine, j'ai sursauté intérieurement. C'était une drôle de coïncidence. Depuis ses trois ans, Sam parle tout le temps de ce pays. Il est si fasciné par la Chine que dans ses jeux avec Ip, il s'imagine souvent s'y rendre. Depuis cet âge-là, il est tellement passionné et enthousiaste, que pour ses trois ans, nous lui avons même offert une magnifique paire de baguettes chinoises !

Marie rit de bon cœur en racontant la première fois où Sam les avait utilisées au restaurant chinois : ses doigts frêles ne parvenaient pas à attraper la nourriture. Ce soir-là, le repas s'était éternisé, mais l'ambiance entre Sam et ses parents avait été des plus drôles et des plus chaleureuses.

– Depuis lors, conclut Marie, Sam mange toujours avec ses baguettes, peu importe le restaurant : il les emporte même à la pizzeria !

Allongé sur le tapis, Sam ne perdait pas une miette de la conversation, dégustant avec ravissement les savoureux mets asiatiques qui défilaient devant son esprit affamé. Il lui semblait respirer l'odeur de plats toujours plus volumineux.

Il rêvait avec délice de tout ce que le monde imaginaire pouvait lui apporter de plus succulent.

– Cela ne me surprend pas que Sam s'interroge sur la Chine, dit la thérapeute. Avec la pratique, j'ai compris que le hasard n'existe pas. Lorsque l'aura d'une personne nous transmet un message, elle ne nous renseigne pas uniquement sur un fait précis, elle évoque en réalité une situation bien plus vaste dont nous ne voyons pas toujours l'entièreté.

La thérapeute se tourna vers l'enfant :

– Sam, veux-tu t'allonger sur la table ? Nous allons commencer la lecture de ton aura.

Le garçon se leva lentement tout en fixant sa mère du regard. N'y tenant plus, Marie l'arrêta net et débita une tirade sans reprendre son souffle :

– Avant que vous ne commenciez, je voulais vous poser une question. La dame qui attendait sa fille m'a raconté son histoire, et je pense que Sam a un souci identique à celui d'Eva. Lui aussi parle régulièrement à voix haute comme s'il s'adressait à quelqu'un d'imaginaire. Depuis trois ou quatre ans, il parle à cet ami invisible, il joue et prend son bain avec lui. Cet ami, Ip, est constamment en sa compagnie.

Remplie d'espoir, Marie confessa son idée : Sam aurait-il lui aussi un frère jumeau qui ne serait pas né ? Vivrait-il, comme Eva, dans le souvenir de cette relation unique et trop tôt perdue ?

Son désir de soulager les souffrances qu'elle

attribuait à son fils toucha la thérapeute, mais la mit aussi mal à l'aise. Marie ne percevait pas combien son enfant était épanoui. Bien entendu, son comportement insolite, comme de parler à un camarade invisible, pouvait faire penser qu'il était dérangé. Mais au-delà de ces étrangetés, Marie semblait plus égarée que son fils.

– Malheureusement, Marie, chaque personne a une histoire différente, et même si certains comportements se ressemblent parfois, il y a peu de probabilités pour qu'ils soient issus d'une expérience identique. Il m'est absolument impossible de déduire uniquement en regardant Sam ou en discutant avec lui s'il a vécu la problématique d'Eva. C'est seulement en lisant son aura que nous découvrirons ce qu'Ip représente pour lui.

Elena songea à toutes ces personnes qui espéraient qu'elle détienne une baguette magique qui les soulagerait instantanément de leurs souffrances. Or, un thérapeute en lecture de l'aura ne cherchait pas avec son intellect, tel un détective, l'origine d'un problème, il ne pouvait pas non plus influencer sa recherche sur un problème donné. Il ne faisait que « lire » ce que l'énergie de son client lui présentait.

– Je comprends, reprit Marie, déçue. J'espérais que vous pourriez diriger un peu l'issue des séances. J'aimerais tant que Sam soit heureux !

– Il me semble qu'il y a un malentendu, Marie.

Sam est à mes yeux vif, intelligent, sensible et tout à fait heureux. J'ai l'impression que ce qui vous dérange chez lui n'est pas son éventuel mal-être. Vous souhaiteriez qu'il se comporte de manière plus conforme aux enfants de son âge.

Les paroles de la thérapeute la firent réagir vivement. Marie lui raconta qu'à deux ans, son fils restait une heure durant assis à ne rien faire, et elle voyait bien que cette attitude n'était pas normale. Ou encore, nourrisson, il pleurait dès qu'une personne le prenait dans ses bras, comme s'il ne voulait pas être touché ni porté. Elle ajouta qu'à l'âge de quatre ans, il marchait sur la bordure du tapis du salon de long en large en répétant inlassablement la même phrase sur une tonalité qu'il modifiait à chaque fois – comme s'il répétait un rôle dans une pièce de théâtre. Un comportement qui pouvait facilement durer une demi-heure… Sans parler de l'arrivée de son ami imaginaire…

– Vous comprenez maintenant combien il est difficile de vivre avec un enfant qui n'est pas comme les autres. Un enfant qui en plus ne s'adresse jamais à moi.

Elle se sentait responsable de cette relation particulière ; son immense besoin d'être reconnue comme une bonne mère la poussait à un contact forcé et artificiel avec lui.

Pendant qu'elle s'épanchait, Sam termina son dessin. On y voyait deux enfants, des garçons du même âge, jouer ensemble. La seule différence entre eux était que celui situé à droite se trouvait en haut de la feuille, proche du soleil. Des arbres et une maison complétaient le dessin.

– Et des souvenirs heureux avec lui… en avez-vous à me raconter ?

Un sourire se dessina spontanément sur ses lèvres.

– Il y en a un qui me tient particulièrement à cœur. Sam n'avait pas encore deux ans, nous étions chez des amis et il a déniché un ruban bleu ciel. Il s'est enroulé dedans et il déambulait dans le salon en chantant : « je suis un cadeau ! Ouvrez-moi ! »

Elle sourit à l'évocation de cet instant magique.

– Je l'ai ouvert immédiatement et je l'ai couvert de baisers. Je crois que c'était la première fois que nous riions ainsi de bonheur !

Elena se leva.

– Pourquoi ne regarderions-nous pas ce que Sam aimerait nous raconter par le biais de son aura ? Avec un peu de chance le mystère se lèvera peut-être ?

Elle fit monter Sam sur la table de massage. Il s'y installa confortablement. Délicatement, elle remonta la couverture jusqu'à son menton.

– Tu sais, je suis super content de te revoir. Quand tu me mets dans la boule d'énergie, c'est comme si je rentrais chez moi !

– C'est vrai ! J'éprouve la même chose quand je me fonds dans mes énergies, c'est comme si on se reliait à notre être véritable, on se retrouve enfin soi-même !

– Et ça me donne l'impression d'être un géant ! fit-il en dessinant dans l'air un immense cercle avec ses bras.

Elena dévisagea le petit garçon avec tendresse :

– Tu sais Sam, j'étais impatiente de te revoir !

9.

De manière identique à la première séance, les mains de la thérapeute s'aventurèrent au-dessus du petit corps. Elle ressentit immédiatement un changement au niveau de son premier chakra. Le sommeil réparateur avait fait son œuvre ; Sam était nettement plus détendu, sa respiration plus profonde faisait mieux circuler le flot d'énergie entre ses corps physique et vibratoire.

Elle poursuivit son exploration.

Un coup d'œil à la mère permit à Elena de voir combien elle était en attente d'une révélation magique qui pourrait rapidement soulager son fils. Son visage tendu et figé suivait du regard chacun de ses mouvements.

Tout à coup, l'aura de Sam lui présenta un problème d'ordre générationnel. *Oh là là ! Comment vais-je raconter cela à Marie ?* Elena se racla la gorge pour se laisser le temps de trouver les mots justes.

– L'aura de votre fils me montre que son énergie liquide est bloquée… Rien de grave, rassurez-vous ! Seulement, elle ne parvient pas à se mouvoir librement en lui…

– Vous voulez dire qu'elle serait comme de l'eau gelée qui ne pourrait pas s'écouler librement ?

– Tout à fait. C'est sous l'état fluide, voire vaporeux, que nous aimerions la trouver, car plus une vibration est mouvante, plus on est en harmonie.

Marie haussa les sourcils. Elena poursuivit :

– Ce qui est étrange, c'est que d'après son aura, ce déséquilibre proviendrait de son grand-père paternel.

– Alors là, je n'y comprends plus rien !

– Le père de votre époux avait vraisemblablement un problème qui a trait aux énergies liquides et l'a transmis à ses descendants. Apparemment, Laurent et Sam ont tous deux hérité de ce blocage ancien.

Durant la lecture de l'aura, Elena et ses clients perdaient la sensation du déroulement du temps. Ils se retrouvaient dans l'instant présent, où passé et futur étaient contenus. Elle pouvait ainsi visiter les générations ascendantes et descendantes de la personne et elle pouvait remonter à la source de n'importe quelle complication : peu importait à quel moment celle-ci avait eu lieu et qui l'avait créée.

L'attention polie mais dubitative que prêtait

Marie à cette histoire de liquide n'empêcha pas Elena de continuer son exploration de l'aura de Sam et de partager avec elle les messages qu'elle recevait en clairvoyance, clairsentence et clairaudience :

– Lorsque l'énergie liquide est bloquée, elle se fixe dans la mémoire émotionnelle et familiale de la personne et le problème se transmet plus tard à ses descendants.

– Est-ce comme l'ADN ?

– Absolument. C'est la raison pour laquelle nous parlons d'un blocage vibratoire transgénérationnel : il se transmet aux générations suivantes. En revanche, il s'exprime chez chacun sous différentes formes. Par exemple, si un grand-père souffre d'alcoolisme, son fils souffrira de difficulté avec l'argent, puisque l'argent aussi c'est du « liquide » ; son petit-fils pourrait quant à lui avoir des problèmes sanguins. En résumé, si l'énergie liquide est perturbée, elle modifiera la personnalité de celui qui a ce blocage et de sa descendance. Ce problème est d'ailleurs très répandu dans la population ; nous connaissons tous de nombreuses personnes qui présentent ce déséquilibre vibratoire sans le savoir.

– Et quel serait l'effet de ce problème sur Sam et Laurent ?

– Le plus simple est d'observer Sam et son père : ont-ils peur de l'eau ? Ou au contraire : l'adorent-ils, par exemple ? Ou votre mari a-t-il un problème avec l'argent ?

– Eh bien, je ne vois pas très bien où vous voulez en venir, mais en effet, Sam est pareil à un poisson dans l'eau… Il s'y sent parfaitement à l'aise et j'ai pris l'habitude depuis des années de lui donner un bain par jour. En général, il y joue très longtemps et s'énerve dès que c'est l'heure de sortir. Avec mon mari, pour nous amuser, nous l'appelons parfois « notre petite grenouille » !

À cet instant, Sam leva la tête et renchérit :

– Tu sais, Ip aussi aime se baigner.

Cette première évocation de son ami invisible n'échappa pas à la thérapeute ; cependant, malgré sa joie qu'il le mentionne spontanément, il lui sembla important d'éviter d'y accorder de l'importance afin de respecter le rythme imposé par son aura, qui présentait le problème des liquides comme étant prioritaire.

D'expérience, elle savait que le mental voulait les amener vers ce qu'il supposait être l'origine du déséquilibre, en l'occurrence : cette étonnante relation à un ami imaginaire. Mais Elena savait que le mental ne connaissait de l'être humain qu'une infime partie, la partie visible et dense : la pointe de l'iceberg. Quant au reste, puisqu'il ne le voyait pas, il avait la conviction qu'il n'existait pas. Or, si le mental n'avait aucun accès à l'entièreté de la réalité et à la nature de l'esprit, cela ne signifiait pas que ces dernières n'existaient pas.

Elena répondit donc à Sam par un simple sourire.

Elle se concentra à nouveau sur les révélations que lui transmettait son aura et questionna Marie :

– Savez-vous si son grand-père paternel a eu un problème d'alcool ? Ou y a-t-il eu dans sa famille une personne qui se serait noyée ?

– En réalité, j'ai peu connu le père de Laurent. Je sais qu'il était vigneron. Mais il est décédé il y a quelques années et mon mari n'en parle jamais. J'ai entendu dire qu'il pouvait être très colérique et qu'il n'avait pas été un père aimant… Mais il était surtout très déprimé suite au décès du frère de Laurent. Concernant la problématique du liquide, je me souviens, c'est vrai, qu'il ne refusait jamais un verre de bon vin. De là à être alcoolique… je ne sais pas. Boire faisait partie de son travail.

– Décidément, il n'y a pas de hasard ! Nous cherchons un blocage concernant les liquides et les vignerons travaillent précisément avec ces énergies-là ! L'existence de ce grand-père dépendait de la pluie, un liquide, pour une bonne récolte, et de la qualité du vin, un autre liquide. D'autre part, l'argent gagné grâce à la vente du vin est aussi une énergie liquide.

À l'évocation de cette histoire, tous les sens de Sam se mirent en alerte. Il avait le sentiment confus de sortir de l'ignorance. Après avoir erré dans le brouillard, un miracle se produisait : il se délestait soudain d'une inquiétude diffuse et ancienne.

Elena le protégeait ! Elle le sauvait !

Une incroyable émotion le saisit : une reconnaissance éperdue l'envahit. Sam s'abandonna complètement à cet instant béni, puis les mots recommencèrent à se bousculer dans sa tête. Il se mêla à la discussion :

– Tu sais Elena, mon papa aussi, il est triste. Lui, pour s'amuser il doit toujours boire de « la colle ». Moi, si je veux rigoler, je n'ai pas besoin de boire !

– Oh, Sam ! interrompit vivement sa maman, ton père ne boit pas souvent ! Uniquement avec ses amis, et pour se détendre.

La réaction choquée de Marie surprit Elena. Les paroles de Sam trahissaient quelque chose de plus profond que la peur de l'alcoolisme : de sa voix innocente et avec ses mots d'enfant, il avait une fois de plus montré l'étendue de sa sagesse. Empruntant les images de son quotidien, il constatait simplement que son père s'était éloigné de son enfant intérieur. À présent, devenu adulte, il ne trouvait pas le bonheur en lui, il devait le chercher en s'aidant d'éléments extérieurs, tels que l'alcool.

Arrivée à ce stade, la thérapeute prit la décision de modifier le blocage vibratoire non pas de Sam, mais plutôt de celui situé à la source première, c'est-à-dire de Laurent, son père.

En entendant cette suggestion, Marie s'écria :

– Ah non, désolée, c'est absolument impossible. Vous ne connaissez pas mon mari ! Jamais il n'acceptera de faire une séance. C'est tout juste s'il ne m'interdit pas de venir ici. Laurent est très rationnel, il est impensable qu'il vienne vous voir pour une histoire de liquide ! Je n'ose même pas y penser !

Le brusque désaccord de sa mère surprit Sam dans sa rêverie et le rendit perplexe. La tonalité de sa voix, chargée de réticence, l'inquiéta. Il tourna le visage vers Elena, et ne la lâcha plus du regard. Réussirait-elle à la convaincre de parler à son père ?

La thérapeute la laissa protester. Marie tenta de lui expliquer que son époux était un homme bon, bien que rigide et à l'humour caustique. Les coups de tête et l'irrationnel n'étaient pas dans sa nature. Il avait la paresse et le laisser-aller en horreur, il aimait être un mari et un collègue moralement irréprochable. D'ailleurs, la légèreté lui déplaisait, de sorte qu'il finissait toujours par casser ses propres élans spontanés afin de ne pas se rendre ridicule.

Il avait embrassé la carrière d'homme d'affaires non pas par vocation mais par nécessité : chez lui, point de désir de réussite, ni goût du risque financier. Laurent, de nature énergique, gérait avec passion l'argent des autres, mais jamais il n'aurait pris le risque de spéculer avec le sien, ni de faire courir le moindre risque à sa femme et son fils. En réalité, il travaillait dur pour vaincre son mal-être : il s'acharnait à gommer le peu de ressemblances qu'il partageait avec son père. C'était du reste volontairement qu'il s'était engagé dans un travail dont les résultats ne dépendraient jamais des caprices du temps. À l'inverse de ses collègues, il n'avait jamais eu l'intention de s'enrichir à des fins personnelles. L'argent restait une sécurité, rien d'autre.

Marie ajouta en confidence que bien qu'il justifiât son attitude très contrôlée par son enfance difficile, ses colères inattendues ressemblaient fortement à celles de son père, qui l'avaient autrefois tant effrayé.

Avec un tel homme, il est évident que Marie rencontrera des difficultés à l'entraîner dans cette drôle d'aventure, songea Elena, ennuyée. Mais elle ressentait aussi combien il aimait son épouse et son fils malgré son attitude fuyante. Ainsi, contrairement à Marie, elle était certaine qu'elle le convaincrait de venir consulter. Sam incarnait le bonheur de sa vie. De cela, la thérapeute n'avait aucun doute.

10.

– Oh mon Bouddha ! s'exclama le petit garçon.

La potion magique que venait d'entamer Sam s'était renversée sur l'herbe. Agenouillé dans le jardin, il ramassa le grand bol en plastique et le cala entre deux grosses pierres. À l'aide d'une poignée de gravier, il le maintint en équilibre. Il reprit les ingrédients répandus autour de lui, les remit dans le bol et les mélangea, cette fois avec une plus grande précaution.

Marie conservait toujours les aliments secs dont elle ne faisait plus usage et lorsque le sac qui les contenait était plein, elle proposait à son fils de les mélanger pour en faire une potion magique. Ce jeu avait toujours eu un grand succès auprès de Sam et de son ami imaginaire.

Concentré au-dessus du bol, une cuillère en bois à la main, le petit garçon touillait avec passion le drôle de mélange brunâtre et visqueux. Une curieuse odeur de sirop à la framboise, d'épices et de soupe en sachet émanait du jardin.

Lentement, avec des gestes précis, il versa le liquide magique dans trois petites coupes. Une pour lui, une autre pour Ip et une dernière pour le chat.

L'animal avança son museau avec prudence et flaira le contenu de la gamelle.

– Oui, oui, vas-y : régale-toi, le chat !

L'animal ignora la proposition et, dégoûté, poursuivit son chemin vers le fond du jardin.

Ce dimanche-là, Marie et Laurent étaient assis dans la cuisine en silence. Les portes-fenêtres donnant sur le petit jardin restaient ouvertes, laissant entrer une douce chaleur de fin d'après-midi.

– Je n'en reviens toujours pas que tu acceptes de faire une séance de lecture de l'aura !

D'expérience, Marie connaissait l'orgueil de son époux, et elle restait étonnée de l'avoir convaincu sans trop de difficultés. Son accord rendait parfaite cette fin d'après-midi.

– Si cela peut aider notre fils, il n'y a pas à hésiter.

Laurent demeurait toutefois sceptique, mais son envie l'emportait de prouver à sa femme qu'il faisait lui aussi des choses concrètes pour leur fils.

Dans son cœur, il était heureux d'agir, mais il ignorait pourquoi il lui était si difficile de le montrer. Il aurait souhaité témoigner à Marie son affection et partager librement avec elle leurs difficultés d'être les parents de cet enfant surprenant. Mais c'était plus fort que lui : son visage, comme un masque impossible à ôter, restait fermé.

Il avait toujours pensé que son fils le rejetait, refusait son amour et son affection. Il avait essayé, lorsque Sam était bébé, de le porter tendrement contre lui, de le bercer ou de lui donner le bain ; mais ces simples gestes avaient eu un effet terrible : Sam hurlait à chaque fois qu'il le prenait dans ses bras. Dans la crainte de lui faire du mal en insistant, Laurent avait fini par cesser ses tentatives, arguant fièrement devant ses amis et la famille que ce rôle-là incombait à sa femme.

Avec le temps, Laurent s'était habitué à cohabiter avec Sam. Il l'observait avec détachement, du moins le croyait-il. Mais tout au fond de lui, il se sentait blessé. Il se considérait inadéquat en tant que père et le refus de Sam de lui parler renforçait cette impression de ne pas être à la hauteur. Il ne voulait pas discuter de ses doutes avec sa femme : elle se plaignait déjà assez comme cela pour ne pas en rajouter avec sa propre peine. Il ne posait jamais de questions et était conscient qu'à cause de cela, Marie le considérait comme un père insensible.

Pourtant, des sentiments contradictoires l'agitaient. Si, en apparence, il était dédaigné par Sam, une petite voix au fond de lui, lui chuchotait que son fils n'était pas coupable de leur relation singulière. Car Laurent était rongé depuis de nombreuses années par un terrible secret. Et ce secret, qu'il avait choisi de dissimuler dans les tréfonds de son âme, l'empêchait de vivre librement son rôle de père. Il l'empêchait d'exister.

Lorsque Marie avait rencontré Laurent à l'époque, elle avait imaginé – à tort, elle s'en rendait compte aujourd'hui – que si elle avait davantage confiance en elle, Laurent parviendrait à partager plus aisément ce qu'il éprouvait. Mais plus le temps passait, plus il avait de difficulté à communiquer. Marie espérait secrètement que la séance aiderait aussi leur couple à renouer leur relation qui s'enlisait dans le silence. *Finalement, dans notre famille, c'est Sam qui parle le plus ; lui qui pourtant ne nous parle pas !* pensa-t-elle, étonnée.

Sam entra en courant dans la cuisine ; il grimpa sur un meuble et s'empara d'une grosse boîte pleine de bonbons. Son visage exprimait la gourmandise.

– J'ai sucé tout le goût de mon chewing-gum ! J'en prends un nouveau ! Ip, tu en veux aussi ?

La seconde d'après, il était déjà parti mener de nouvelles aventures dans le jardin.

L'intensité de Sam était incroyable. Même s'il ne bougeait pas, sa vivacité épuisait son entourage. Récemment, ils avaient attribué leur fatigue aux nuits particulièrement courtes qu'ils subissaient. Or, Elena avait expliqué à Marie que la fréquence vibratoire de leur fils était très élevée, et que les personnes vivant auprès de lui, parce qu'elles ne vibraient pas aussi fort, peinaient à supporter cette fréquence. D'où ce perpétuel épuisement. Aujourd'hui, elle comprenait que le phénomène allait perdurer.

Laurent et Marie regardaient silencieusement dans la même direction. Leur fils s'était adossé confortablement contre l'unique arbre du jardin. Un arbre « tout près de Dieu », aimait-il à dire avec le plus grand sérieux ; « le lieu le plus sacré de la maison ».

Marie avait souvent songé que Sam mettait de la vie là où les autres ne voyaient rien d'extraordinaire. Sous son regard, chaque objet, chaque personne, chaque situation, devenaient merveilleux ; il en éprouvait une joie intense, comme si chaque fois, il découvrait un trésor magnifique. Elle rit intérieurement en pensant à son collier en verroterie qui, dans son imaginaire, se transformait en collier de diamants noirs !

Le monde ordinaire devenait dans les yeux de Sam un pays magique et merveilleux. On aurait dit que tout ce qu'il voyait, il le découvrait pour la première fois, et il savait mieux que personne rendre vivant et beau ce qui était laid ou banal.

À l'observer, il apparaissait clairement que Sam aimait la solitude. Il semblait parfaitement à son aise, vivant dans un monde que nul autre que lui ne percevait, mais qui le nourrissait et le satisfaisait pleinement.

Dans ce monde, il se sentait en communion avec la nature. En harmonie avec elle.

Dans son immobilité, il semblait se relier d'âme à âme avec elle.

Assis à l'ombre de l'arbre, Sam, les yeux mi-clos, se berçait imperceptiblement. Son corps semblait très lourd, enfoncé dans la terre meuble. Un chant montait à ses lèvres, que lui seul entendait.

En avant, en arrière, son corps se mouvait, au rythme de la vibration d'une musique cristalline. Sam se concentrait sur ce son léger qu'il entendait à la fois en lui et en dehors de lui. Il inspirait profondément, expirait, puis reprenait de l'air. Lentement, naturellement, intensément. Cette mélodie rythmait son souffle et son balancement.

Ces respirations le plongeaient dans un état méditatif ; il ressentait au fond de lui sa propre immensité, son lien avec le monde divin.

La lumière du couchant dansait sur la haie qui délimitait le jardin ; dans le jeu des reflets du soleil, les ombres s'allongeaient. La cadence du bercement n'augmentait ni ne ralentissait. En avant, en arrière, le corps se penchait inlassablement.

Ses parents, sa vie, Ip, l'école, tout disparaissait, magiquement fondu dans cet état de grâce. Le rythme s'amplifiait parfois, le submergeait ; il l'entraînait dans le souffle du vent, de la terre.

Son chant se faisait prière.

Son murmure enlaçait l'arbre, le jardin, l'emportait au-delà des montagnes.

Le chant montait toujours plus haut vers le cosmos, unissant Sam à l'univers.

Le petit garçon, en état de béatitude, s'abandonnait de tout son corps, de toute son âme.

Il se laissait aller à l'immensité de la liberté retrouvée, à la beauté du monde, souhaitant que cette sensation ne finisse jamais.

Ce dimanche s'achevait dans la paix et l'enchantement.

À cet instant précis, Sam se sentait pleinement heureux.

11.

D’un air faussement détaché, Laurent entra dans le cabinet de thérapie énergétique. La semaine s’était déroulée sans surprise. Or ce manque de distraction avait permis à une inquiétude souterraine de s’insinuer lentement dans ses pensées : bien qu’il n’en laissât rien paraître, il redoutait cette étrange rencontre. Secret de nature, il n’aimait guère exprimer ses sentiments. Il appréhendait les révélations que la thérapeute allait parvenir à lui extorquer. Allait-il se dévoiler malgré lui ?

Face à l’impatience de sa femme qui évoquait chaque jour le rendez-vous à venir, Laurent s’était vanté, sur un ton suffisant, qu’il n’y avait aucun résultat ou révélation à attendre de cette séance, arguant qu’il était évident que cette lecture de l’aura était une supercherie.

Mais malgré sa confiance apparente, Laurent

était gagné par l'inquiétude. Cette femme pouvait-elle vraiment percevoir ce qu'il dissimulait si aisément aux autres depuis plus de vingt ans ?

L'insistance enthousiaste avec laquelle Marie avait répété que la thérapeute lisait dans les personnes comme dans un livre ouvert et que leur intimité ne pouvait lui échapper, augmentait son appréhension et sa nervosité. En vérité, cette affirmation le glaçait.

Après avoir salué gauchement Elena, Laurent regarda autour de lui. La simplicité du lieu le séduisit et c'est uniquement lorsqu'il se fit la réflexion que la thérapeute était une femme « ordinaire » qu'il comprit que son imagination l'avait dépeinte jusqu'alors comme une personne étrange.

Elena observa avec attendrissement cet homme mal à l'aise qui faisait tant d'efforts pour paraître désinvolte.

Laurent n'avait qu'une année de plus que son épouse, mais il paraissait bien plus âgé. Ses cheveux dissimulaient un front légèrement dégarni ; cependant, sa coiffure soulignait le parfait ovale de son visage et lui donnait un air masculin seyant. Le corps nerveux et rigide n'évoquait pas la force mais le contrôle et l'autorité ; des traits de caractère accentués par ses vêtements impeccables. Ce qui la surprit le plus était la discipline qu'il imposait à son corps : son regard n'exprimait rien, aucun muscle de son visage ne bougeait. Sa grande maîtrise de soi dévoilait la dissimulation à laquelle il s'appliquait depuis longtemps.

Elena lui désigna le fauteuil et le pria de s'asseoir. Laurent resta debout, pestant intérieurement contre lui-même : il se sentait maladroit. Il hésita quelques secondes à lui parler franchement, puis se lança dans le laïus qu'il avait préparé :

– Écoutez, je viens ici pour faire plaisir à ma femme parce qu'elle croit que cela pourrait aider notre fils. Cependant, je tiens à vous dire que je trouve absurdes ces histoires de sorcière. Alors autant en finir tout de suite : pourrions-nous commencer sans attendre, j'ai un boulot monstre qui m'attend.

Derrière son ton sec, la thérapeute entendait un autre discours, celui d'un homme qui tentait de refouler son chagrin et ses angoisses. Sans rien laisser paraître, elle lui confirma qu'elle ne voyait aucun inconvénient à ce qu'ils se mettent au travail immédiatement.

L'attitude de Laurent montrait sa peur de l'inconnu. Il n'avait en réalité rien à redouter : même si ce mécanisme de défense n'était jamais une forteresse impénétrable, il était impossible à Elena d'appréhender par sa seule volonté le monde invisible de son client. Elle ne savait donc jamais ce qu'elle allait découvrir ; seule l'âme de la personne décidait des messages qu'elle délivrait.

Elle le pria d'ôter ses chaussures, de s'installer confortablement sur la table de massage, de fermer les yeux et de se laisser aller à l'écoute de son intériorité.

– Et je fais comment pour « écouter mon intériorité » ? rétorqua-t-il.

– Fermez les yeux et observez simplement ce que ressent votre corps, sans chercher à parler ni à réfléchir.

La séance débuta dans un silence pesant.

La première information transmise par l'aura de Laurent était liée aux énergies liquides. Cette énergie densifiée figeait son premier chakra. Ce type de blocage, situé dans la fondation de l'être, rigidifiait sa personnalité. Laurent était donc devenu avec le temps un homme contrôlé. Il ne se fiait certainement qu'à son jugement et n'aimait pas les actes spontanés. Peu créatif, il devait croire que pour réussir sa vie, seul un travail dur et laborieux lui amènerait le succès.

En clairvoyance, les images défilaient lentement sous les yeux clos d'Elena, elle cherchait à en retirer le dénominateur commun.

– Votre aura me montre une incohérence, mais peut-être cela a-t-il un sens pour vous… Je vais vous décrire ce que je vois et je vous laisserai me dire si cela vous évoque quelque chose.

Laurent, pourtant réticent, se sentit envahi par

une agréable sensation de paix. Dans tout son être, un profond relâchement s'opérait malgré lui. L'angoisse qui étreignait sa poitrine tantôt s'estompait miraculeusement.

Il ouvrit les yeux pour reprendre ses esprits, car il ne voulait pas glisser plus avant dans cet état extrêmement relaxant où son mental ne parvenait pas à le suivre. Un sentiment contradictoire apparut : il voulait tenir la thérapeute à distance de son intimité, tout en désirant enfin se décharger de son fardeau.

– Pour votre père, poursuivit-elle, l'énergie liquide est constructive : l'argent gagné grâce à la vigne a permis à la famille de subsister. Mais elle est aussi destructrice : l'alcoolisme est clairement à l'origine de sa personnalité difficile et de sa mauvaise santé. Dans votre aura, je perçois une énergie liquide positive et rassurante, ce qui en soi devrait être parfait. Le problème, c'est que cette belle énergie devrait être fluide et se mouvoir comme l'eau d'un ruisseau ; or je la sens extrêmement figée, pareille à un bloc de glace. Je ne m'explique pas cette incohérence.

– Écoutez, mon père n'était pas un alcoolique comme vous le prétendez. Il aimait boire, c'est un fait, mais goûter son vin, celui des concurrents et trinquer faisait partie de son travail de viticulteur…

– Mais comment expliquez-vous alors que dans

votre aura, je lis que c'était un homme colérique et… buveur ?

Laurent se rappela tout à coup un curieux épisode qu'il avait vécu dans sa tendre enfance. Un jour, alors qu'il avait six ou sept ans, il s'était mis à vouvoyer son père. La raison qui l'avait poussé à refuser fermement de le tutoyer était qu'il espérait secrètement que celui-ci le vouvoierait en retour. Entendre le « tu » de son père lui était devenu insupportable ; il se sentait constamment agressé par l'autorité et la voix paternelles. Dans un premier temps, amusé, son père avait cédé à cette curieuse demande car il croyait à une plaisanterie de gamin. Or bien vite, il s'était lassé du jeu et lui avait ordonné de le tutoyer à nouveau. Autant par défi que par peur, l'enfant lui avait tenu tête.

– Par habitude, mon père tutoyait tout le monde. C'était sa manière à lui de se rapprocher des autres. Alors quand j'ai continué à le vouvoyer, ça l'a rapidement mis hors de lui. J'imagine qu'il avait dû se sentir méprisé…

– On dirait que le tutoiement facile de votre père créait en réalité une fausse proximité, l'illusion du rapprochement.

– Peut-être bien… En tous cas, je me rappelle parfaitement du soir où j'ai prononcé le « vous » de trop…

À l'évocation de l'effroyable crise de colère paternelle, Laurent se tut. Un goût amer lui revint en bouche. La peur ressentie au cours de ce fameux dîner lui donnait la nausée aujourd'hui encore. Ce soir-là, après la violente correction de son père, il s'était juré que s'il avait un fils un jour, il ne lèverait jamais la main sur lui.

– Il se peut que votre désir d'enfant de le vouvoyer vienne d'une tentative naïve de vous éloigner de son emprise, le vouvoiement met une distance entre les gens. Et les mots peuvent être parfois très puissants…

– Il avait besoin de dominer et de contrôler les autres. Pour lui, les paroles étaient comme des armes.

– Avec votre père, le mot « tu » se transformait en action, en « tue »…

À ces mots, le corps de Laurent se détendit subitement. Un calme profond l'envahit. Bientôt, son esprit vagabonda librement. Les yeux fermés, il se revoyait petit garçon, à l'âge de son fils aujourd'hui. La personnalité écrasante de son père, ses sautes d'humeur, le plongeaient continuellement dans l'angoisse. Ces souvenirs lui serrèrent subitement la gorge. Elena avait raison : d'aussi longtemps qu'il s'en souvînt, il avait toujours vu son père boire.

Laurent repensa à l'homme qui était son père. À cette époque, il ne supportait pas le décalage entre son comportement avec ses amis et celui avec sa famille. Il paradait devant ses copains qui le percevaient comme un type jovial, mais une fois ceux-ci repartis, le changement s'opérait et il redevenait tel qu'il était vraiment : violent et mauvais.

Son père parlait et riait fort, toujours prêt à offrir un verre de vin, même quand l'argent venait à manquer. Il se rappelait les mots amers qu'avait eus sa mère un soir, alors qu'ils l'attendaient depuis plus d'une heure pour dîner : « ton père est parti boire au bistrot l'argent que j'avais mis de côté pour t'acheter des chaussures. » D'ailleurs, aux repas, il parlait uniquement d'économiser de l'argent, jamais d'en gagner. Des conversations qui tournaient toujours autour des mots « économie » et « privation ».

Le fait que son père gaspillait l'argent dans la boisson n'avait pas gêné Laurent lorsqu'il était enfant ; il avait peu de besoins et de désirs. Le pire défaut de son père était sa brutalité. Sa violence était omniprésente.

Laurent sortit péniblement de ses souvenirs et du lourd engourdissement qui envahissait son être. Il fit un effort pour relever légèrement la tête et fixa la thérapeute dans les yeux. *Elle n'accède pas à mon secret, elle en est loin !* Son contrôle sur soi le flattait. Il était à la fois soulagé et fier de parvenir à le lui dissimuler.

– Ce que je peux vous dire, c'est qu'il est vrai que l'argent me rassure. Mon père en manquait toujours ; il ne savait pas le gérer. Déjà petit garçon, je me suis promis de toujours bien gagner ma vie et de m’assurer que ma propre famille ne manquerait de rien.

Elena était touchée que Laurent fasse l’effort de se livrer un peu. Elle savait d’expérience qu’il faudrait du temps pour nouer avec lui une relation de confiance.

– L’ivresse aidait peut-être votre père à se dissimuler, à lutter contre une rage intérieure et peut-être même contre un sentiment dépressif.

– Vous avez sans doute raison. C’était un homme agressif et triste, que l’abus d’alcool rendait encore plus violent.

Laurent inspira profondément et ferma les yeux. Comment raconter que pendant dix-huit ans son père lui avait fait vivre l’enfer de l’emprisonnement ? Que pendant dix-huit ans, il s’était senti prisonnier à Alcatraz ? Depuis sa naissance, son père voulait sa mort psychique et physique ; et il y était presque parvenu. À l’âge adulte, Laurent s’était « évadé » : il avait quitté sa famille sans un regard et avait laissé sa mère entre les griffes du dragon. Malheureusement, comme il était parti avant que son père ne parvienne à le détruire complètement, il avait fini le boulot tout seul : il avait commencé à boire, découvert la drogue, la violence. Cette dérive l’avait presque tué.

La mort de son père avait mis un terme à cette destruction. Du jour au lendemain, Laurent s’était ressaisi et avançait vers la vie. La rencontre avec Marie avait fini de l’aider à se reconstruire.

– Si j'ai bien compris, durant votre enfance, le « liquide » manquait toujours : il n'y avait jamais assez d'argent, ni assez à boire. Votre père ne parvenait pas à retenir l'énergie liquide, contrairement à vous. D'après ce que je lis dans votre aura, l'argent vous sécurise, vous le thésaurisez ; et quand bien même vous vivez confortablement, cela n'est jamais suffisant.

Elena lui expliqua alors que l'argent était une énergie qui, lorsqu'elle était perçue de manière neutre, circulait librement. Les jours où l'argent manquait, cela formait « un appel du vide », qui allait combler cette carence. Quand cette énergie ne portait aucun poids émotionnel ou transgénérationnel, elle allait et venait de manière fluide ; il n'y avait jamais lieu de s'inquiéter.

– Alors là, j'ai de la peine à croire que quand l'argent manque, il resurgisse à nouveau naturellement ! Pour moi, en tout cas, l'argent n'est pas un concept neutre ; il représente ma tranquillité d'esprit !

– Je pense que sur ce point, vous vous leurrez. Malgré tout l'argent amassé, vous ne vous sentirez jamais en sécurité.

Son épouse avait confirmé cet état de fait et raconté qu'ils ne s'étaient jamais offert de vacances tous les trois.

– Mais bien sûr que dépenser mon argent me stresse ! Toute la semaine je fais un effort abyssal et en un rien de temps, le fruit de mon travail est englouti pour une futilité !

– Le problème est que vous tentez de contrôler votre argent, dans l'espoir que celui-ci ne s'évapore pas rapidement.

– Bon, c'est vrai que parfois j'exagère peut-être un peu…

Il repensa à Marie qui, maintes fois, avait tenté de l'aider à assouplir son attitude avare ; à l'époque, il l'avait très mal pris, s'imaginant que par ses remarques elle ne voulait pas l'aider, mais le dépouiller !

De l'avis d'Elena, un tel comportement dissimulait un problème plus important, et sous ses mains, l'aura montrait que la lecture devait être approfondie si l'on voulait en atteindre l'origine première.

La fréquence vibratoire augmenta. Laurent sentit son corps et sa pensée devenir léthargiques. Ce lâcher-prise soudain l'angoissa et l'entraîna dans un conflit intérieur ingérable : d'un côté, son âme et son corps s'abandonnaient, de l'autre, son mental lui hurlait de garder le contrôle.

Pris de vertige, il ouvrit brusquement les yeux, ses mains s'accrochèrent au bord de la table de massage ; il luttait contre l'engourdissement de ses sens alors que toute son âme lui criait de ne pas résister, de se laisser guider vers un abandon de soi. Elena, concentrée sur la puissante énergie qui les traversait tous les deux, poursuivit son exploration aurique.

– Depuis le début de la lecture, votre aura me transmet intensément l'image d'une piscine. Sur le moment je n'y ai pas trop prêté attention. Mais elle se fait insistante. Cela vous évoque-t-il quelque chose ?

Il dévisagea son interlocutrice.

– Non, rien de particulier.

Ce changement de sujet, même s'il restait dans les fluides, lui fit du bien. Cette image de piscine le mit en confiance, il se sentait apte à maîtriser les productions insignifiantes qui émergeaient de son aura. Laurent respira plus aisément. *La peur s'évapore*, songea-t-il, amusé.

– Maintenant que j'y pense, reprit-il soudain, un souvenir me revient. J'avais environ huit ans, c'était un après-midi d'hiver. On jouait dans la neige et en voulant attraper mon copain, j'ai glissé et je suis tombé dans la piscine vide. Ma tête a cogné contre le sol dur. Je m'en souviens très bien : le choc a été terrible et m'a valu une sacrée commotion ! Si je ne me trompe pas, j'ai passé la semaine de vacances allongé dans le noir à m'ennuyer !

– Magnifique ! C'est tout à fait cela !

– Que voulez-vous dire ?

– Votre énergie est à nouveau fluide sous mes mains ! Le blocage se libère !

– Simplement parce que je vous ai raconté ma chute ?

– À l’époque, votre chute a engendré un problème vibratoire et physique, or seul ce dernier a été soigné. Aujourd’hui, nous venons de libérer l’énergie qui avait été bloquée.

– Excusez-moi, mais… je ne suis pas sûr de saisir votre enthousiasme.

– C’est vrai, parfois je m’emporte et je ne prends pas le temps d’expliquer ce qui se passe sous mes mains ! Chaque fois que vous évoquez une situation ou un sentiment qui vous touche fortement, je sens dans mes mains, dans mon corps, l’énergie se modifier. Dès que nous atteignons l’origine véritable du problème, le blocage se dénoue d’un seul coup.

– Vous voulez dire qu’en évoquant ma chute…

– Le blocage, tel un barrage, a cédé brutalement et laisse à nouveau l’énergie s’écouler.

– Si, par contre, nous tournons autour du problème sans toucher son origine, l’énergie ne se libérera pas ?

– Tout à fait. C’est comme en psychanalyse : tant que le problème demeure dans l’inconscient : rien ne bouge. Mais si le problème passe de l’inconscient au conscient, une compréhension nouvelle a lieu et éclaire d’un jour différent tout votre être et la situation problématique.

Elena pensa à une métaphore qu’elle affectionnait particulièrement. Elle aimait dire à ses clients : « Soit vous êtes juste, soit vous ne l’êtes pas ; vous ne pouvez pas être “presque” juste. C’était comme d’être enceinte : vous l’êtes ou non, vous ne pouvez pas être “presque” enceinte. »

– Dans votre cas, suivre uniquement la piste du blocage énergétique de votre père n’a fait qu’effleurer l’origine de votre mal-être sans l’atteindre ni la transformer. En revanche, l’incident de la piscine a aussitôt dégagé le problème.

Elena expliqua son idée :

– Nous pourrions imaginer que, si cet après-midi-là, la piscine avait été pleine, vous n’auriez pas eu de commotion. Par conséquent, votre corps a enregistré le message suivant : *le manque d’eau, le manque de liquide, est dangereux*. Ou si vous préférez : *le liquide me rassure*. Cette affirmation est renforcée par le manque d’argent dont vous avez souffert enfant. Le message inconscient que vous avez enregistré dans votre psychisme, dans votre corps et dans vos énergies est qu’il n’y aura jamais assez d’eau dans la piscine. En d’autre termes, jamais assez d’argent dans votre porte-monnaie.

Laurent resta songeur un moment. Il se sentait sonné par l’énergie qui circulait dans son corps et par toutes ces paroles qui le déroutaient. Il repensa un instant à ce qu’avait dit Elena un peu plus tôt : son père ainsi que lui-même dépendaient d’éléments extérieurs à eux pour se sentir heureux et vivants ; le vin pour son père, l’argent pour lui, leur procuraient un sentiment de bien-être. Mais cet état était illusoire.

Elle lui avait expliqué qu'il allait découvrir de nouveaux aspects de lui-même inconnus jusqu'alors, et que cela l'aiderait à s'accepter tel qu'il était et à se détacher de ce qui ne lui appartenait pas. Cette croyance que le « liquide » était une donnée nécessaire à son bonheur allait à présent s'atténuer puis disparaître, ce qui le rendrait plus libre d'être enfin véritablement lui-même.

Étrangement, ces propos raisonnaient avec justesse en lui. Grâce à cette surprenante expérience, il comprenait qu'un réel bien-être ne dépendait d'aucun artifice extérieur.

– Si je suis votre raisonnement, cet accident a créé une peur en moi, et cela m'explique pourquoi aujourd'hui l'argent me rassure. Mais pour revenir à ce qui m'amène chez vous, je ne comprends pas quel est le lien entre les énergies, l'amour de mon fils pour l'eau et le fait qu'il ne nous parle pas…

Loin de la blesser, l'ironie de Laurent fit rire Elena.

– Ne cherchez pas de liens logiques, il n'y en a pas ! Le mental, le raisonnement, n'accèdent pas au monde invisible. Ce qui est certain, c'est qu'en vous libérant nous aiderons Sam par effet de réciprocité. Cela ne veut pas dire qu'il ne prendra plus de longs bains, simplement il le fera véritablement par choix et non pour se rassurer. Pour vous, il en sera de même : vous continuerez à travailler, mais par plaisir et non par peur du manque.

Les dernières minutes de la séance furent consacrées à l'alignement des énergies du père de Sam. Finalement, pour compléter ce travail subtil, elle lui demanda de brûler un texte.

Derrière ce geste en apparence banal, elle espérait le responsabiliser dans son engagement à aider son fils ; elle testait aussi sa motivation à entrer dans un monde qu'il supposait chimérique.

– Je comprends que cet acte a une valeur symbolique, mais franchement : je vais avoir l'air ridicule !

– Ça dépendra de vous, de la manière dont vous l'exécuterez… Les rituels peuvent facilement devenir des formules stériles, des actes « vides ». À vous de ne pas tomber dans le factice ; placez dans cette action une véritable intention de changer votre existence : de vous libérer ainsi que Sam de ce blocage vibratoire.

– De là à imaginer que brûler un bout de papier modifiera ma vie… Il ne faut pas exagérer !

À présent, Laurent se sentait agréablement léger, l'esprit en paix. Le conflit intérieur qu'il avait vécu plus tôt fut vite oublié. Il avait hâte de partir. Assis dans le fauteuil, renouant ses lacets, il promit de réaliser le rituel : il écrirait les jours suivants un court texte pour libérer son père, son fils ainsi que lui-même de ce blocage d'énergie, puis le brûlerait. Il le ferait pour faire plaisir à Marie.

Il s'empara de sa veste, sortit son porte-monnaie

et paya promptement la thérapeute. Il lui tendit la main, prêt à partir.

– Avant que vous ne partiez, je voulais vous avertir. Le blocage que nous avons transformé n'a été qu'en partie libéré. Il y a d'autres niveaux sous-jacents qui risquent de ressurgir. Je ne sais trop comment vous le dire, mais profondément ancré en vous, j'ai perçu un traumatisme grave, d'une violence inouïe. Il paralyse votre cœur et votre esprit. Je ne suis pas parvenue à m'en approcher davantage, mais avec un tel problème, vous ne serez jamais libre d'être véritablement vous-même.

Laurent se figea, sa sérénité brusquement évaporée. Glacé, il la fixa sans rien dire. Son visage s'immobilisa en un masque d'anxiété ; il serrait ses mains l'une contre l'autre, trahissant une tension extrême.

Ferait-il mieux de partir, ou de rester ?

Elena observa ce brusque changement, mais poursuivit l'air de rien :

– Laurent, j'aimerais vous encourager un jour à dévoiler ce traumatisme qui doit vous ronger depuis des années. Voyez-vous, il ne sert à rien de combattre nos pensées les plus angoissantes, au contraire : il faut les rendre conscientes ; par cette action, elles disparaîtront d'elles-mêmes.

Elena chercha ses mots. Elle désirait lui expliquer qu'en tentant de maîtriser ses peurs pour s'en protéger, il en était devenu l'esclave.

– L’un de mes anciens clients désirait se défaire de la puissance de son mental pour se rapprocher de son identité véritable. Pour cela, il avait décidé de marcher sur des braises incandescentes. Bien sûr, il y parvint après tout un cérémonial et fut ravi de son exploit : il avait maîtrisé sa peur.

Laurent ne comprenait pas où la thérapeute voulait en venir. Il se contenta de l’écouter sans rien dire.

– Y a-t-il réellement un challenge à marcher sur des braises ? S’agit-il vraiment d’un travail sur soi ou sommes-nous dans l’illusion d’un travail intérieur ? À mon avis, le véritable challenge n’est pas de vous confronter à une peur extérieure, mais de vous confronter à vous-même, à vos propres peurs. En tentant de dépasser une angoisse qui vous hante, qui n’appartient qu’à vous, vous serez alors véritablement confronté à vos résistances mentales. En travaillant sur vous-même, viendra le jour où vous aurez dépassé votre terreur : là sera le véritable exploit. C’est au prix de cet effort qu’un changement intérieur pourra s’établir durablement.

Comment puis-je faire comprendre à Laurent que c’est sa propre attitude qui crée l’obstacle, pas le monde extérieur, qui n’est qu’une projection de son intériorité ? pensa Elena.

– La paix intérieure est à ce prix, Laurent : parvenir à éliminer la peur qui vous détruit.

Elena l’observa d’un regard bienveillant. La mine

fermée et les yeux fuyants, il devenait de plus en plus distant. À plusieurs reprises, il regarda sa montre. *Quelle douleur cache-t-il en lui, et depuis combien d'années ?* pensa-t-elle. *Quel est son terrible secret ?* La lecture de son aura n'avait rien laissé transparaître, si ce n'était un événement très grave. Son unique certitude était qu'une telle dissimulation obligeait Laurent à se contrôler en permanence et à se méfier d'autrui de manière malsaine.

Laurent était un homme seul. Effroyablement seul.

Il vit dans l'illusion de réussir à cacher son secret, se dit-elle. *Mais celui-ci le ronge lentement. Car son secret se déterre de lui-même... inlassablement.*

– Laurent, cette peur sans nom vous détruit, elle vous empêche de vous aimer, d'aimer Sam et Marie. Ce défi-là, il n'y a que vous qui puissiez le relever et le gagner. Et pour y parvenir, il vous faudra beaucoup de courage. Mais le bonheur que vous découvrirez sera à la hauteur de l'effort fourni, car il vous apportera la véritable libération.

Elena s'approcha de lui et lui tint l'épaule. Sans un mot mais fermement, Laurent se dégagea.

– Ce traumatisme ne signifie pas nécessairement la fin de votre existence, il peut être un enrichissement. Si vous sentez le besoin d'affronter un jour vos démons, je me tiens à votre disposition.

Laurent, mal à l'aise, serra maladroitement la main d'Elena dans un silence tendu ; il lui tourna le dos et referma la porte derrière lui. Il marcha tel un automate vers la sortie du bâtiment, la gorge nouée. Son pressentiment se vérifiait. Le danger était imminent.

La peur comprimait sa poitrine. Le bouleversement engendré par ces deux dernières heures lui semblait trop rapide, l'évitement de l'angoisse naissante impossible.

Sous l'effort d'une incroyable maîtrise de soi, il ne sentait, ne voyait, ni n'entendait plus rien… Hormis la violence de son enfance, que ces paroles avaient réveillée.

Il ne pouvait plus ignorer le doute qui l'assaillait et le torturait.

Sa peur se décuplait face au danger d'être dévoilé.

Une seule pensée l'obsédait : *elle sait.*

Soudain, l'angoisse l'engloutit.

12.

Confus, épuisé, Laurent s'assit sur un banc et offrit son visage aux rayons du soleil. La douceur de la chaleur lui fit du bien. Tout comme de se retrouver là, dehors, loin, très loin de cette rencontre insolite. L'angoisse cessa aussi subitement qu'elle était apparue.

Pendant quelques instants, aucune pensée ne l'agita. Ce calme étrange et inhabituel au milieu de l'angoisse le dérangea tout en lui faisant plaisir. D'habitude, à peine se retrouvait-il seul qu'il allumait d'un geste machinal son téléphone portable ; or à cet instant, il ne pouvait se résoudre à le faire. Il préféra rester là, sans bouger ni réfléchir. Impossible de se cacher à lui-même le soulagement qui envahissait son esprit dans cet instant inattendu de sérénité. D'où venait ce sentiment insensé de paix ?

Malheureusement, quelques minutes de solitude

ne suffirent pas. Un flot de questions brisa cet état de légère méditation : tout se bouscula subitement et de manière incohérente dans son esprit. Laurent voulait faire taire ses pensées, mais elles se pressèrent d'autant plus : son mental s'activait tel une mécanique bien rodée qui, une fois déclenchée, ne s'arrêtait plus.

Dans son désir de repousser cette marée de questionnements, il repensa aux paroles que son fils avait dites récemment à son ami invisible : « Papa ne vit pas, il réfléchit. » Et il avait ajouté en rigolant : « Papa ne sait pas parler, il est né sans bouche ! » Sam, tout comme Elena, semblait le percer à jour avec une étonnante facilité.

Ses pensées se firent plus amères. Une voix malicieuse qu'il connaissait bien refit lentement surface du fond de son cœur : *Alors c'est cela, la « super » thérapie ? Grâce à cette séance, je cesserais d'être avare ?*

À cette pensée, les paroles d'Elena refirent surface malgré lui : « L'accumulation de richesses ne vous amènera pas la paix de l'esprit et si le bonheur est votre but dans la vie, vous ne l'atteindrez jamais car l'argent ne peut répondre à votre souffrance intérieure. » Cette opinion le décontenança, mais les minutes passant, son attitude railleuse habituelle rejaillit spontanément en lui. Il tenta de l'écarter. En vain.

Tout son corps s'affaissa un peu plus sur le banc.

Un autre commentaire de la thérapeute revint dans son esprit : « Vous êtes dans l'illusion de vous contrôler, alors qu'en réalité, vous vous laissez diriger par vos sens et vos sentiments. » Elle trouvait Laurent asservi par son vécu, par ses pensées sans qu'il n'en soit conscient. Il vivait dans l'illusion d'être libre. Consciente qu'elle ne l'atteignait pas, elle avait ajouté : « C'est comme avec de la drogue : on a l'effet de la liberté sans avoir la libération. »

Laurent se rappela un fameux soir, tard, alors qu'il avait voyagé un mois durant. Il n'avait eu qu'une envie en revenant chez lui : voir son fils endormi, bavarder un moment avec sa femme, puis se reposer tranquillement. Mais Marie était en colère : son absence, qu'elle assimilait à une fuite, avait trop duré. À peine avait-il passé le pas de la porte que les reproches avaient fusé. Il n'avait pas même eu le temps d'accrocher sa veste au portemanteau. L'énervement de Marie s'était renforcé lorsque, sur un ton condescendant, il lui avait demandé pardon. Son ton désinvolte et son manque de sincérité avaient décuplé l'énervement de sa femme.

Laurent, épuisé, ne supportait plus cet acharnement contre lui ; subitement, il avait senti une colère d'une incroyable puissance monter en lui. À cet instant précis, Marie avait croisé son regard et s'était brusquement figée. Dans ses yeux, elle avait décelé une violence inconnue, à peine contenue.

Ce soir-là, un silence écrasant régnait dans le hall d'entrée. Les deux adultes se faisaient face. Marie avait pris conscience qu'elle ne parvenait pas à l'atteindre ; sans rien ajouter, elle lui avait fait signe de la suivre et de s'asseoir à ses côtés sur le canapé du salon. Laurent, sans prendre la peine d'ôter sa veste, s'était installé à bonne distance d'elle. Le corps rigide, les dents serrées, il ressentait encore la pulsion de rage qui l'avait envahi peu avant et qui se dissipait lentement. Les rideaux étaient tirés, deux lampes posées sur des tables basses éclairaient faiblement la pièce, créant une atmosphère paisible qui contrastait étrangement avec la violence qui émanait d'eux.

– Laurent, lui avait-elle dit sur un ton calme et réfléchi, ce que je désire te faire comprendre tient en peu de mots. Sam demandait à Ip hier après-midi pourquoi tu étais absent aussi longtemps. Je lui ai répondu que tu travaillais dur pour que nous ayons une vie confortable. Sais-tu ce qu'il a rétorqué ? « Papa ne travaille pas dur, il travaille beaucoup ! »

Les larmes s'étaient mises à couler sur les joues de Marie. Elle avait poursuivi :

– Ce que j'essaie de t'expliquer, chéri, un enfant de six ans l'a compris ! Ces longues heures au bureau ne sont qu'une excuse pour éviter de passer du temps avec nous. Tu es occupé de sept heures du matin à vingt et une heures, mais en quoi est-ce efficace ?

Laurent n'avait rien dit. Il ne semblait pas réagir. Pourtant, intérieurement, ces paroles l'avaient blessé.

Mon travail, une échappatoire ?

Marie avait alors évoqué, d'une voix plus douce, une image symbolisant leur situation afin de lui expliquer ce qu'elle ressentait ; curieusement, celle-ci était restée gravée en lui. Les gens stressés, avait-elle expliqué, conduisent leur existence comme leur voiture. Ils sont agrippés à leur volant, ils dépendent des bouchons, des feux rouges ou des radars pour ajuster leur vitesse. Chaque obstacle les agace, car il leur donne la sensation d'être freinés dans leur objectif. Tout ce qui les fait dévier ou ralentir est insupportable. En réalité, ces personnes ne se rendent pas compte qu'elles sont piégées par le trafic, par le flot continu du mouvement des autres véhicules. Sans en avoir conscience, elles suivent un rythme qui ne leur est pas naturel, mais imposé par la majorité.

Marie lui avait avoué qu'elle ne supportait plus qu'il soit constamment sollicité, stressé. Elle lui avait dit qu'elle le sentait en fuite, seul, accroché au volant de sa voiture, comme si la raison pour laquelle il conduisait s'était perdue en chemin. Savait-il seulement où il allait, et pourquoi il continuait sa course effrénée ? Ce soir-là, elle lui avait demandé de lever le pied. De se mettre sur le bord de la route et de regarder les autres s'agiter.

Mieux : d'aller se promener un peu avec sa famille.

Comme à son habitude, Laurent avait fait mine de ne pas comprendre. Il se rappelait lui avoir répondu qu'il se sentait trop fatigué pour se disputer et qu'ils reprendraient leur conversation le lendemain.

Bien évidemment, le sujet n'avait plus jamais été abordé.

Mais un sentiment de lâcheté ne l'avait plus quitté.

Péniblement, Laurent se leva du banc. Il s'étira de tout son long et respira profondément. Il soupesa la poche de sa veste pour vérifier que ses clés de voiture s'y trouvaient. Il resta debout, la tête lourde penchée vers l'avant. Il craignait de bouger, comme si le mouvement de son corps risquait de relancer le déferlement infernal de ses pensées.

Éviter, repousser, nier... Toute sa vie depuis son enfance, il n'avait fait que dissimuler ses angoisses et son secret. À tous.

Malheureusement, la violence des images et des émotions de son passé refaisait régulièrement surface. Il les revivait fugitivement, mais incontestablement.

Que penserait Marie de moi si je lui avouais mon secret ? En vérité, la question que Laurent ne pouvait formuler était beaucoup plus déroutante encore : *que penserais-je de moi-même ?*

Garder son secret enterré lui donnait le sentiment illusoire qu'il était un homme comme un autre. Et aujourd'hui encore, c'était ce qu'il allait s'appliquer à faire avec les paroles d'Elena : les oublier. Les enterrer. Plus profondément encore.

Deux heures étaient vite passées. *Que de temps perdu*, se dit-il en s'efforçant de retrouver un peu de gaieté. *Allez hop ! Retour au monde que je connais et que j'aime : retour à la frénésie, à l'hyperactivité ! Voilà au moins un monde où les choses bougent véritablement et non pas « subtilement » !*

Un goût âcre monta à sa gorge. Qui croyait-il tromper ? En s'activant à chaque minute, était-il plus efficace, plus heureux ? Ou n'était-ce qu'une illusion ? En réalité, il tentait de dompter son angoisse en s'absorbant dans le travail ; voilà la vérité !

Laurent sortit les clés de sa veste en marchant vers sa voiture. En fin de compte, il se demandait à quoi servaient toutes ses réflexions vides de sens. Il s'assit, prit son téléphone portable dans sa poche et l'alluma. De nombreux bips sonores se firent bientôt entendre, lui signalant tous les messages qui s'étaient amoncelés durant sa courte absence.

La voiture démarra : direction le bureau.

13.

– Oh mon Bouddha ! Quelle jolie vaisselle ! Ça doit être mon anniversaire ! s'exclama Sam, les yeux pétillants devant les verres à pied scintillants, la magnifique nappe grenat et les services étincelants.

Il était presque vingt heures, la maman de Sam avait dressé une très belle table, à l'image de son humeur joyeuse. La présence de son époux à la maison durant une semaine entière, sa visite le matin même chez Elena, la gaieté de son fils, tout contribuait à une atmosphère agréable qu'elle désirait conserver. *Une belle table est comme un cadeau*, songeait-elle, *une invitation à apprécier le repas en famille.* Avec la pluie qui tombait à verse, cette atmosphère confortable raviverait les cœurs. En dépit de sa fatigue, elle s'était activée toute la journée pour préparer ce dîner spécial, savourant à l'avance la réaction que Sam ne manquerait pas d'éprouver devant cette belle décoration. Son émerveillement et son enthousiasme la ravirent.

Marie ressentait le besoin de redécouvrir le plaisir pur du partage, qu'elle ne vivait pas lorsqu'elle mangeait dans la tension familiale. Ce soir, l'exclamation de Sam, sensible à ses attentions, confirma que ses efforts étaient fructueux.

Avec sa vivacité coutumière, le petit garçon se faufilait entre les chaises de la salle à manger, poursuivant bruyamment son invisible camarade avec des rires et des cris. Il tournait comme une mouche autour de la table. De peur qu'il ne glisse ou se cogne, Marie lui cria :

– Tiens-toi tranquille deux minutes !

Depuis midi, aucune éclaircie n'était parvenue à poindre entre les nuages et le petit garçon était resté à la maison à jouer avec Ip ; sa vitalité était loin d'être épuisée, contrairement à celle de Marie qui se réjouissait de passer bientôt à table et de retrouver un peu de calme.

– Sam, s'il te plaît, sois sage !

Interloqué, il s'arrêta net et dit à Ip :

– Mais je *suis* sage !

Marie sortit de la cuisine et le saisit délicatement par le bras pour l'arrêter dans sa course.

– Chéri, ce soir ce n'est pas ton anniversaire, j'avais simplement envie d'un dîner spécial, c'est pour cela que j'ai sorti la belle vaisselle. J'ai néanmoins un cadeau pour toi : j'ai cuisiné ton plat préféré, des sushis et des crevettes géantes à l'ail !

Ravi, Sam lui répondit par un regard rapide, mais son silence n'avait rien de pesant, il continua à tourner autour de la table en sautillant, chantonnant un air inventé, dans l'attente de pouvoir enfin manger.

Au dehors, l'averse empêchait Laurent d'effectuer l'acte symbolique demandé par la thérapeute quelques heures plutôt. On aurait dit une soirée de fin d'automne ; l'obscurité tombante rendait le vent plus cinglant. Installé confortablement dans son canapé, il lisait son journal et savourait cet instant où l'on n'exigeait rien de lui.

À l'appel de Marie, il prit son temps avant de s'installer à table. Sam était déjà assis près de sa mère, baguettes en main. Placé comme d'habitude face à son épouse, Laurent ne remarqua pas qu'elle avait ajouté sur sa droite un couvert pour Ip. Sam, excité à l'idée de manger en compagnie de son ami invisible, le taquinait sans cesse.

La pluie frappait bruyamment la baie vitrée. De seconde en seconde, le vent se faisait plus violent. *Après tout*, pensa Laurent, *si le temps est contre moi, c'est peut-être parce que ce rituel infantile est une perte de temps*. Sans un regard pour la belle décoration de table, ni même pour la nourriture contenue dans l'assiette, il piqua un grand morceau de sushi avec la fourchette. Il le mit tout entier dans sa bouche et l'avala.

Sam, les yeux écarquillés, fixait son père ; il

ouvrait et fermait sa propre bouche, le mimant involontairement.

– Tu as vu, Ip, comme il mange mon papa ? pouffa Sam. Mon papa ne mange pas, il gobe !

L'enfant se gondola de rire sur sa chaise. En s'esclaffant, il ajouta :

– C'est pourtant important de mâcher ! L'estomac, ça n'a pas de dents !

À cette idée, Sam et son ami transparent rirent plus fort encore.

Ce qu'il prit pour une moquerie irrita fortement Laurent. Il voulut ne pas réagir, mais agacé par les rires de l'enfant, il n'y tint plus. Il lui répondit sèchement :

– Finis ce qu'il y a dans ton assiette, Sam. Au moins, moi, je mange rapidement !

– Papa quand il parle, il dit jamais rien de nouveau. Il dit jamais ce qu'il pense…

– Tu veux savoir ce que je pense en ce moment ?

Laurent tentait de se contenir, mais il tremblait d'indignation.

– Chéri, la pluie a presque cessé de tomber, intervint brusquement Marie avant que n'éclate aussi un orage dans sa salle à manger.

Discrètement, elle mit sa main sur le genou de son fils pour lui faire signe de se taire et ainsi couper court à la dispute.

– Après le repas, tu pourrais accomplir le rituel d'Elena pendant que je débarrasse ?

– Je ne sais pas… C'est vraiment une idée absurde.

– Je comprends, mais elle a été très claire : sa manière de travailler n'est pas rationnelle. L'essentiel est le résultat obtenu. Regarde ton fils : cela fait bientôt un mois qu'il dort calmement.

– Écoute, je t'ai dit que je le ferai, et je le ferai, rien que pour avoir la paix. Mais ne compte pas sur moi pour brûler un bout de papier sous cette flotte.

Contrariée, Marie bavarda un peu avec son mari, cherchant des sujets neutres qui ne le froisseraient pas. Il engloutit rapidement son repas et se leva pour se préparer un café. Ce faisant, il ouvrit légèrement la fenêtre pour laisser un peu de fraîcheur pénétrer dans la cuisine. L'humidité chaude de cette soirée envahit la pièce. Impénétrable, sa tasse à café à la main, il retourna s'asseoir confortablement dans le sofa pour finir de lire le journal. À son arrivée, le chat noir et blanc souffla puissamment dans sa direction et s'éclipsa pour se lover confortablement sur le tapis.

À table, Sam et Ip finissaient tranquillement leur dîner. L'assiette du petit garçon était quasiment pleine. Aux yeux d'un inconnu, ce repas aurait donné l'impression de s'éterniser. Or Marie avait appris à ne pas le bousculer, ni à juger de la vitesse à laquelle il mangeait.

– C'est quoi la gourmandise ? demanda Sam à son ami invisible.

– La gourmandise, c'est lorsque l'on adore se nourrir de bonnes choses comme des friandises, par exemple, répondit sa mère.

Sa réponse enchanta Sam et le conforta dans son idée :

– Oui, oui, c'est ça. Mon papa, il est gourmand de télévision…

Marie espéra que Laurent n'ait pas entendu. Heureusement, son attention centrée sur la lecture lui avait évité de prêter attention aux plaisanteries de son fils. Silencieux, les yeux rivés sur les petites lettres, Laurent soufflait sur le liquide noir brûlant ; il respira cette odeur âcre qu'il aimait tant, puis se mit à boire à petites gorgées.

Marie sentait une tension nouvelle, plus sérieuse, s'installer entre eux. Elle voyait bien que Laurent peinait à accepter qu'il transmît à son fils des blocages issus de sa famille ; cela d'autant plus que Laurent avait toujours dit ne jamais vouloir ressembler à son père, ni transmettre quoi que ce soit venant de lui à ses futurs enfants. Le problème transgénérationnel qu'avait soulevé Elena était d'autant plus difficile pour lui à supporter.

Lorsque Marie était enceinte, il lui avait dit plusieurs fois qu'il ne se comporterait jamais comme son père afin d'épargner à leur enfant l'enfance qu'il avait connue. Les années passant, elle prit conscience qu'à trop vouloir éviter de léguer quoi que ce soit à son fils, il ne lui donnait plus grand-chose ; leur relation était au point mort.

Il était étonnant de constater combien Laurent redoutait de ressembler à son père. On aurait dit qu'il ne se souvenait que de ses mauvais côtés. Elle se souvint soudain de la réaction qu'avait eue Laurent, lorsque Sam, âgé de cinq ans, avait dit de sa voix innocente, en regardant une photo de son grand-père : « Papa est la photocopie de grand-papa. » Ces mots l'avaient glacé.

Sam finissait lentement de manger les sushis et les gambas. La lenteur de ses repas ne relevait pas d'un manque de dextérité avec les baguettes chinoises, car quelques semaines avaient suffi pour qu'il maîtrise parfaitement ce geste ; elle était plutôt due au fait qu'il prenait le temps de savourer chaque bouchée.

Sam ne mangeait pas, il ne se nourrissait pas. Il se délectait.

Il avait toujours eu un comportement étonnant à table. Depuis l'âge de deux ans, le petit garçon triait sa nourriture : délicatement, il poussait vers le bord de son assiette certains morceaux de viande ou de crevette, par exemple, et refusait de les manger. Ses parents n'appréciaient pas ce qu'ils considéraient comme un caprice et insistaient afin qu'il mangeât tous les aliments placés devant lui. Les crises qui s'ensuivirent, lorsque son père le forçait à les avaler, furent terribles. Observer ces scènes avait déchiré le cœur de Marie, mais elle n'osait pas contredire son mari ; après tout, elle aussi trouvait important que leur fils mangeât tout le contenu de son assiette.

Par la suite, les nombreuses absences de son époux au cours des repas la soulagèrent : elle pouvait tricher et laisser Sam manger comme il lui plaisait. Ce curieux comportement s'était amélioré avec le temps, mais il déroutait toujours ses parents.

Elena avait écouté avec beaucoup d'intérêt la description du déroulement des repas de Sam. Elle avait expliqué à Marie qu'en réalité, son fils séparait instinctivement la nourriture vivante de la morte. Les aliments frais conservaient une bonne énergie vitale en eux, mais parfois certains la perdaient rapidement. Sam, doté d'une très fine perception de son corps, comprenait qu'ingérer ces aliments « vides » n'apportait aucun nutriment à son organisme ; leur unique effet était de rendre l'estomac volumineux. L'ingestion de nourriture dévitalisée entraînait par conséquent un sentiment de satiété illusoire ; la faim revenait presque aussitôt.

Elena ajouta qu'il en était de même pour elle : les personnes proches de leur « nature véritable » étaient très sensibles aux sensations de leur corps et voyaient véritablement la vibration de la nourriture. Par conséquent à quoi bon manger une nourriture morte, vidée de tout élément nutritif ?

Assis sur le sofa, les gesticulations bizarres de Laurent attirèrent l'attention de Marie. Il cherchait désespérément la télécommande.

Il fronça les sourcils, prompt à l'énervement et finit par aboyer :

– Bon sang, Sam ! Où as-tu planqué la télécommande ?

La colère avec laquelle il posa cette question banale le surprit lui-même. Retrouvant son contrôle, il reprit sa quête, exaspéré.

Marie, agacée, sortit rapidement de la cuisine et lui suggéra :

– Il me semble avoir vu le « pouvoir » sous le canapé. Penche-toi sur ta droite, je pense que tu le trouveras.

– Le « pouvoir », la télé « commande » ! Voilà que tu te mets à parler comme ton fils !

– Chéri, quand je te vois regarder la télévision avec Sam, oui, on dirait un jeu de pouvoir ! C'est à celui qui changera le plus souvent de chaînes !

Au dehors, la lumière orageuse déclinait doucement. Le crépuscule balayait les derniers nuages. *Ce sera une nuit sans étoile*, pensa-t-elle, bien qu'elle devinât la présence de la lune dans la semi-obscurité. Elle referma la porte-fenêtre de la cuisine. Le parfum de l'herbe mouillée et la fraîcheur de la nuit tombante flottait toujours dans la pièce. Elle traîna un instant dans la cuisine, vérifiant que tout était propre et rangé. *Si seulement je parvenais à m'affirmer plus, à montrer mon énervement,* songea Marie. *Comment exprimer à Laurent mon désaccord ou ma colère sans craindre qu'il ne fuie la maison ?*

Les dernières informations télévisées de la soirée laissèrent place à la publicité. Laurent coupa le son pour ne pas subir le vacarme de ce déferlement forcé de produits de consommation. Le voyant fixer l'écran, Marie apporta du papier, un stylo et des allumettes. Elle les lui tendit, l'incitant silencieusement à sortir accomplir le rituel.

Ce rituel amènera peut-être un changement, même minime, dans notre vie, espéra-t-elle.

Après tout, que risquaient-ils à brûler un bout de papier ?

14.

La cloche retentit. Aujourd'hui était une journée spéciale : elle annonçait la fin de l'année scolaire et le début des vacances d'été. Une nuée d'enfants sortit en courant et en poussant des cris dans la cour de récréation. Marie fit à Sam un signe de la main. Il la regarda en lui souriant et se dirigea vers les balançoires, riant de bonheur. D'autres enfants chahutaient à ses côtés.

Marie s'approcha de la maîtresse, dont les cheveux longs et châtains bougeaient sur ses épaules à chaque fois qu'elle serrait la main d'un enfant en prenant garde de bien le regarder dans les yeux. Les au revoir étaient rapides, les enfants n'avaient qu'une hâte : s'amuser et crier le plus fort possible.

La main en visière sur ses yeux pour les protéger du soleil, l'enseignante remarqua tout haut :

– Voilà qui clôt une merveilleuse année. Ces

élèves ont été si agréables ! J'ai rarement vu une telle cohésion au sein d'une classe. Ils vont me manquer !

– J'espère que les fantaisies de Sam ne vous ont pas trop perturbée, s'excusa Marie pour la énième fois.

La maîtresse l'observa. Elles avaient maintes fois parlé ensemble, mais cela n'avait jamais rassuré Marie. Elle s'inquiétait tant du comportement de son fils qu'elle ne se rendait pas compte qu'il se tenait bien en classe ; mis à part quelques excentricités, il est vrai… Cette mère était si angoissée qu'elle ne sentait pas son sincère attachement envers son fils. Cet enfant extraordinaire l'enchantait. Il lui donnait parfois des réponses si inattendues !

Elle raconta à Marie que dernièrement, Sam lui avait demandé combien faisaient 3 + 3. Elle avait répondu 6 spontanément, attendant impatiemment ce que cachait cette demande insolite. À son grand étonnement, il lui avait dit que non, que le résultat ne donnait pas 6 mais 8. Très fier de lui, il avait griffonné la solution sur un bout de papier : « Ɛ+3 = 8 »

– Ce que j'aime chez Sam, c'est qu'il m'invite à poser un regard toujours neuf sur les choses.

Elle se tourna vers Marie :

– Vous savez ce qu'il m'a dit après avec le plus grand sérieux : « Tu sais, tu peux apprendre de moi, mais pas prendre. » Comme si par ces mots, il me suggérait de ne pas piller sa manière de voir la vie, mais de trouver la mienne propre.

Cet élève surprenant la libérait de l'illusion du savoir.

– Depuis des années, mon travail c'est faire grandir les enfants. Mais pas avec Sam. Il est d'une maturité tout à fait surprenante.

– Oui mais son ami imaginaire vous a quand même créé quelques problèmes tout au long de l'année…

La maîtresse ria de bon cœur.

– Il est vrai que malgré son invisibilité, sa présence était parfois envahissante !

Elle reprit, riant toujours :

– Ip a perturbé plus d'une fois la concentration des élèves. Lorsque votre fils lui parlait, la moitié de la classe se moquait de lui et l'autre entrait dans une conversation passionnée avec Ip ! Oh là là ! Si vous m'aviez vue ! Imaginez-moi en train de demander à un enfant invisible de sortir de ma classe, sans quoi j'allais le punir sévèrement !

– Je suis vraiment confuse…

– Écoutez Marie, je vous ai toujours dit que j'éprouve une tendresse particulière pour votre fils. Quand Sam me parle, c'est comme s'il parlait directement à mon cœur. Je ne peux l'expliquer autrement. Alors comprenez que des perturbations comme celles-ci ne m'ont jamais vraiment dérangée ! C'est bien plus facile à vivre que d'autres problèmes que j'ai rencontrés avec certains élèves ou avec leurs parents, croyez-moi.

Les deux femmes regardèrent les enfants qui jouaient à cache-cache. Leur joie était contagieuse. Reprenant son sérieux, la maîtresse continua :

– Sam est un garçon remarquable, très intelligent. Un vrai bonheur pour moi. Avec lui, ajouta-t-elle, je n'ai jamais dû lui dire « Réfléchis ! », mais plutôt « Concentre-toi ! » tant Ip le distrayait... Il va me manquer. Ses réflexions aussi. Il a une vision tellement personnelle de la vie... Vous savez, j'y ai beaucoup réfléchi pendant l'année, c'est comme si votre fils pouvait voir au-delà des personnes, au-delà des opinions toutes faites...

Se l'avouant à demi-mot, Marie découvrait peu à peu la joie d'avoir un fils si unique. Grâce à lui, elle découvrait un monde plus spirituel, rempli d'une sagesse millénaire. Elle prenait conscience qu'un monde subtil magnifique existait au-delà du monde physique. Elle songea en riant intérieurement que si Sam ne lui amenait pas l'illumination, au moins lui apportait-il la clarté !

Marie était touchée par l'affection que la maîtresse avait portée à son fils tout au long de l'année. Elle se demanda si elle devait lui parler du travail commencé avec Elena. Ne sachant comment expliquer ce genre particulier de thérapie, elle y renonça. Elle la remercia timidement.

– Surtout, ne vous inquiétez pas pour la rentrée

scolaire. Comme je vous l'ai déjà dit, la nouvelle maîtresse est une jeune femme dynamique, ouverte d'esprit. Il n'y aura aucun souci entre elle, Sam et Ip !

– J'espère seulement qu'il lui parlera…

Marie partit retrouver Sam. Le petit garçon descendait à toute vitesse du toboggan.

– Viens Sam ! Nous avons rendez-vous dans quelques minutes chez la dame qui voit les anges, comme tu dis !

– Yes, Ip ! On va chez Elena ! Tu viendras avec moi cette fois-ci ? T'es pas obligé de rester dehors à m'attendre, tu sais ? Elle est super sympa !

L'enfant se releva et courut en direction du cimetière de la ville, un éclat de gaieté émanant de tout son corps.

Sur le chemin, ils croisèrent un bolide rouge qui circulait à grande vitesse.

– T'as vu, Ip ? Le conducteur doit être ultra pauvre, il n'a pu s'acheter qu'une voiture à deux places.

– Non Sam, s'est cru obligée de corriger Marie, il s'agit d'une superbe voiture de luxe. Elle a dû lui coûter beaucoup d'argent.

– Si c'est cher, c'est aussi beau ? s'interrogea Sam.

Il plaça sa main dans celle de sa mère, songeant combien les routes étaient bien organisées avec leurs feux rouge et vert, les écriteaux et les stops dessinés à la peinture blanche sur l'asphalte.

– Tu savais, Ip, que dans la maison des gens très riches, il y a des escaliers roulants ? Comme cela ils ne se fatiguent jamais à monter et descendre !

Ces mots firent sourire Marie.

Sam leva le nez et marcha en se cramponnant à la main maternelle. Il scruta le ciel.

– C'est drôle comme le ciel bouge aujourd'hui ! Pourquoi les nuages ne sont jamais violets ou jaunes… Ou multicolores ?

Il continua d'avancer le nez en l'air.

Si je suspends un caméléon dans le ciel, je me demande s'il va devenir transparent…

Après quelques minutes de silence, il tendit soudain les bras au-dessus de sa tête.

– Moi, j'aime quand il fait très beau : j'aime absorber le soleil !

Marie avait pensé que Sam choisirait cet itinéraire pour se rendre chez Elena : il était un peu plus long, mais il adorait se balader dans le cimetière. Il aimait lire les noms sur les tombes, les dates de la mort des personnes et calculer à quel âge elles étaient décédées. *À qui pourrais-je un jour avouer que c'est ainsi qu'il a appris l'addition et la soustraction ?* s'interrogea-t-elle. Mais ce qu'il préférait plus que tout étaient les monuments funéraires qui ressemblaient à des petites maisons fermées par un portail en fer forgé. Sam disait aussi à son ami imaginaire qu'il aimait écouter les morts chuchoter entre eux. Il aimait le son des voix qui murmuraient des paroles inaccessibles et les lumières qui sautaient de tombes en tombes. Ici, Sam se sentait éternel.

Les autres vont au parc pour jouer au ballon comme nous allons au cimetière..., songea Marie. Elle aimait le calme qui régnait en ce lieu ; les aiguilles des sapins y dégageaient une merveilleuse odeur de forêt. Son plaisir à elle, en attendant que son fils désire rentrer à la maison, se portait sur les parfums de la terre, les couleurs qui jouaient avec les rayons du soleil entre les grands arbres et la fraîcheur de leur ombre.

Cet après-midi-là, Marie se réjouissait de retourner voir la thérapeute et abordait ce troisième rendez-vous avec plus de confiance. Elle rit intérieurement en repensant aux diagnostics insensés qui avaient été posés avec sérieux sur son fils. Elle se moqua gentiment de sa naïveté d'alors. Aujourd'hui, les diagnostics où se mêlaient le vrai et le faux avaient cessé de peser sur son esprit. Elle avait changé au cours des semaines écoulées ; son attitude envers son fils était plus enjouée, elle riait plus volontiers à ses plaisanteries ou à ses phrases magiques, dont lui seul avait le secret. Le fait que les paroles de Sam s'adressaient uniquement à Ip ne lui semblait plus un obstacle à leur relation. Elle ne se sentait plus isolée de ses monologues, mais avait l'impression que son discours la concernait aussi.

D'ailleurs, Ip cessait peu à peu d'avoir le rôle de l'intrus, de celui qui la séparait de son fils. Au quotidien, la cohabitation avec cet enfant imaginaire lui pesait moins ; Ip faisait désormais partie de son étrange famille. Elle s'était même aperçue par deux fois qu'elle avait demandé à Sam et à Ip s'ils pouvaient se laver les mains avant de passer à table…

Était-ce Ip qui prenait sa place au sein de la famille, ou était-ce elle qui l'accueillait enfin véritablement chez elle ?

Une splendide journée s'installait sur la ville. Une brise légère faisait trembler les fleurs des balcons et dégageait un doux parfum qui pénétrait dans la salle d'attente par la fenêtre entrouverte.

Au bout de quelques minutes, Elena entra dans la pièce, salua la mère et l'enfant. Elle les invita à la suivre dans le cabinet. Marie s'assit immédiatement, habituée à présent au déroulement de la séance.

Sam, au contraire, s'immobilisa dans l'entrée. Il resta planté devant la porte, droit comme un « i », face à Elena qu'il contemplait intensément. Il ne bougeait pas, dans une détermination tranquille. Il était impatient de lui parler.

Marie se releva à moitié de son fauteuil, hésitant à aller le chercher. Y avait-il un problème ?

Le petit garçon s'aperçut qu'il avait capté la curiosité d'Elena. Il leva ses yeux pétillants vers elle et sans préambule, l'interrogea :

– Est-ce qu'il y a plusieurs « moi » dans le monde ?

– Eh bien…

Face à l'absence de réponse, il s'exclama solennellement :

– Tu sais, je sais qui je suis !

Cette déclaration si affirmative surprit la thérapeute.

– Et… qui es-tu, Sam ?

Il hésita, cherchant au fond de lui comment formuler au mieux ce qu'il vivait dans son corps. Quand il eut trouvé, il releva la tête vers elle et lui dit d'un air sérieux :

– Je suis un pop-corn !

Ravi, il la fixa et attendit tranquillement sa réaction.

Bouche bée, Elena l'observa sans rien dire, puis chercha des yeux sa mère dans l'espoir d'obtenir un quelconque indice sur cette surprenante révélation.

La thérapeute, bien qu'habituée à décrypter les messages codés, peinait à comprendre la signification des mots du petit garçon. Sa pensée resta vide. Que signifiait l'annonce enthousiaste de Sam ? Elle se creusa la tête. Les cinq mots prononcés par l'enfant sonnaient comme des paroles sacrées pour lui. Elle ne voulait surtout pas le décevoir et faire partie de ces trop nombreux adultes qui ne prenaient pas le temps de saisir son fonctionnement, simplement parce qu'il exprimait sa vision très personnelle de la vie, pas toujours aisée à comprendre.

Sa pensée s'accéléra. Les associations d'idées se bousculaient dans son esprit. Les mots du petit enfant résonnaient en elle tel un tourbillon, s'éparpillant et se réunissant de manière insensée.

Soudain, tout s'éclaira !

Ravie de l'incroyable sensation que cette prise de conscience avait déclenchée en elle, elle se baissa à la hauteur de Sam et suggéra avec précaution, en désignant Marie du menton :

– Serais-tu d'accord si cet après-midi, nous proposions à ta mère de faire une séance de lecture de l'aura pendant que toi, tu joues à côté de nous ?

Un immense sourire illumina le visage du petit garçon. Il se sentit pleinement heureux : il avait été compris.

Sans rien ajouter, Sam passa devant sa mère, médusée. Il avança vers la fenêtre et, immobile, contempla intensément son reflet. *C'est drôle, quand je suis heureux, il y a des ampoules dans mes yeux qui s'allument !* Puis il s'accroupit, fouilla dans le coffre à jouets. Marie s'était rassise, perplexe. Elle ne parvenait pas à décrypter l'échange entre son fils et Elena. Sans se soucier de l'étonnement de sa mère, Sam s'empara des feutres, s'allongea sur le tapis et se mit à dessiner en fredonnant.

– Décidément, Sam est plein de surprise ! Avec

ses mots d'enfant, il est parvenu à exprimer ce qu'il a ressenti lorsqu'il s'est relié à son âme lors de la dernière séance. Comment puis-je vous expliquer son état intérieur mieux qu'il ne l'a fait ?

Elle s'y essaya néanmoins.

– L'image du pop-corn représente parfaitement l'état intérieur d'une personne. Si elle ignore sa nature véritable, elle sera pareille à un grain de maïs : enfermée dans sa graine ou dans son corps. La personne vit dans l'ignorance de qui elle est véritablement ; elle est enfermée sans en avoir conscience. Or, lorsqu'elle se relie à son âme, la personne ressent soudain l'immense énergie qui vibre au-delà de son corps physique ; elle est en état d'expansion, elle se sent infinie, gigantesque : comme un grain de maïs qui éclate en pop-corn ! Lors de la séance précédente, Sam avait consciemment expérimenté sa vraie nature : allongé sur la table de massage, son corps vibrant à de très hautes fréquences, il avait ressenti qu'il était bien plus vaste que son seul corps physique. Il s'est par conséquent senti comme un pop-corn : immense, volumineux, relié consciemment à son être véritable.

Elle rit.

– En lui proposant que ce soit vous qui receviez la séance d'aujourd'hui, j'ai répondu à son sentiment intérieur : à présent qu'il est en lien avec son essence véritable, il n'a plus besoin de mon aide, contrairement à sa mère !

Sam était bien un enfant « indigo », il était resté très proche de sa nature divine. Il était en lien permanent avec le monde visible et invisible, mais surtout avec sa nature véritable, celle qui était à l'origine de tout : des individus, des plantes, des pierres, de l'eau, de l'air et de tout l'univers. Il vivait naturellement cet état intérieur et s'il lui manquait quelque chose, c'était la présence d'adultes qui parviendraient à comprendre ses paroles d'enfant.

Le rôle d'Elena était de mettre en mots intelligibles cet état intérieur magnifique, afin que ses parents puissent se rapprocher de leur fils et commencer à le comprendre.

Elena proposa donc tout naturellement à Marie d'expérimenter elle-même cet état-là. Par curiosité, celle-ci était très tentée de découvrir un monde dont elle n'avait jamais soupçonné l'existence et qu'elle ne pouvait ni toucher avec les mains, ni entendre avec les oreilles ! *Ce serait*, pensa-t-elle, *l'occasion unique de découvrir des dimensions en moi que je ne connais ni n'imagine.*

Intellectuellement, Marie craignait toutefois de ne pas découvrir dans son corps cet état dans lequel vivaient son fils et aussi, apparemment, la thérapeute. Or, d'après Elena, elle n'avait rien à faire de particulier pour l'atteindre. Par ailleurs, il n'y avait aucune obligation de résultat. Si elle ressentait l'énergie en elle, c'était parfait ; sinon, ça l'était aussi.

À la fois intriguée et dubitative, Marie s'installa sur la table de massage. La thérapeute la recouvrit d'une couverture et laissa ses mains virevolter au-dessus de son corps. Confortable, Marie se détendit et ferma les yeux.

Sam, amusé de voir ainsi sa mère allongée, se leva et se promena lentement dans le cabinet. Son pas léger créait l'illusion qu'il glissait en marchant. Avec sa douceur coutumière, il effleura de sa petite main les quelques meubles de la pièce, comme une caresse à fleur de bois. Il chantonnait dans un murmure qui ne dérangeait pas le déroulement de la séance. La beauté faisait vibrer sa voix. Confiant, il continua son exploration.

Sa tonalité mélodieuse était un régal pour Elena, et si ce n'était la présence de Marie qui attendait patiemment de se relier à sa nature véritable, elle aurait désiré s'abandonner à cet enchantement.

La lecture était fluide et agréable, lorsque soudain l'énergie changea : la gorge d'Elena se serra, l'air vint à lui manquer, elle étouffait ! Son premier réflexe fut d'ouvrir les yeux, mais elle résista à la pulsion, connaissant parfaitement cette impression de confusion : ce qui se déroulait dans son corps ne lui appartenait pas.

La thérapeute se dégagea de cet étouffement

intérieur afin de l'observer plus sereinement. Tranquillement, elle s'approcha de l'origine de ce symptôme et constata qu'il se situait à la naissance de Marie. Lors de sa venue au monde, elle avait manqué d'air et aujourd'hui encore, presque trente ans plus tard, ses cellules s'en souvenaient et délivraient un message d'étouffement à Elena.

La thérapeute raconta l'expérience physique qu'elle venait de vivre à Marie qui confirma sa naissance difficile. Marie expliqua que sa mère lui avait appris qu'elle était bleue en arrivant au monde et que les médecins avaient réagi rapidement et lui avaient sauvé la vie. Adulte, elle conservait des séquelles car elle souffrait régulièrement de crises d'asthme.

– Maman, quand elle est née, c'était un Schtroumpf ! s'esclaffa Sam.

Sa réflexion si innocente surprit les deux femmes qui éclatèrent de rire.

– C'est vrai, commenta Marie en riant, et d'ailleurs après quelques secondes sans oxygène, je suis passée du Schtroumpf bleu au Schtroumpf noir !

Elena transforma patiemment le traumatisme inscrit dans le corps de sa cliente depuis sa naissance, elle en modifia les réponses cellulaires afin que le choc soit annulé. Elle réfléchit aussi à l'asthme qui la faisait souffrir. Avec un peu de chance, si ces symptômes étaient liés à cet accouchement difficile, ils disparaîtraient peut-être. L'asthme la conduisit à observer la personnalité de sa cliente de plus près. Elle parla à Marie de sa dépendance affective et de sa peur de l'abandon. Son caractère un peu faible et transparent, ainsi que l'asthme, pouvaient avoir pour origine cette naissance difficile. Vivre la mort lors de sa naissance pouvait parfois placer le nouveau-né dans une confusion : venir au monde, est-ce vivre ou mourir ?

Du point de vue de la thérapeute, Marie n'osait ni vivre, ni s'affirmer. Elle demeurait figée dans ses peurs, comme si elle avait imprimé en elle le message suivant : *si je me laisse aller à vivre, est-ce la mort que je vais rencontrer ?*

– C'est un peu comme si vous appuyiez en même temps le pied sur l'accélérateur et sur la pédale de frein ! résuma-t-elle.

Ce conflit intérieur s'était répercuté sur son quotidien, la figeant dans des habitudes qui la rassuraient et dans une personnalité introvertie et soumise. À ne rien tenter de nouveau, elle ne prenait aucun risque. Demeurer dans un monde limité qu'elle pensait contrôler la réconfortait ; elle évitait tout conflit qui risquait de la déstabiliser et se complaisait dans son existence rétrécie. Risquer de mourir à la naissance lui avait ôté toute envie d'oser vivre pleinement.

– Vous êtes une mère, Marie, vous avez donné la vie… Laissez désormais la vie « entrer » en vous ! voulut l'encourager Elena.

Après une dizaine de minutes de silence, le corps de Marie se détendit profondément, puis s'amplifia brusquement, comme s'il prenait du volume et s'allongeait de plusieurs mètres. *Le fameux effet « pop-corn » !* comprit-elle.

Ce qu'elle éprouvait était entièrement nouveau, comme un bonheur inconnu, un incroyable apaisement. La sensation, loin de s'atténuer, devenait d'instant en instant plus extraordinaire.

Impossible cependant d'ouvrir les yeux pour voir comment Elena induisait cette magnifique énergie dans son corps allongé : ses paupières, lourdes comme du plomb, ne s'ouvraient pas. Toute à son ressenti, les pensées cessèrent, le mental n'observa plus rien, ne fit plus de commentaire intrusif. Le temps cessa son mouvement chimérique. Le vide s'installa en elle. Marie ne pensait plus à rien, elle était intensément présente aux sensations dans son corps et… au-delà.

Sa conscience de la présence de la thérapeute et de son fils était floue ; cependant, elle savait qu'à tout moment elle pouvait sortir de cet état intérieur. Mais qui pourrait souhaiter émerger de ces magnifiques perceptions ? Marie se sentait en lien avec l'immensité, avec la beauté ; il lui semblait atteindre un monde nouveau, rempli d'amour. Un monde au-delà du monde qu'elle croyait si bien connaître. Pour la première fois de son existence, Marie se sentait libre et pleinement vivante.

Des larmes de félicité coulaient de ses yeux, sans qu'elle ne les essuie, de peur de sortir de cette étourdissante sensation qui paraissait si puissante, mais tellement fragile. *La foi doit se rapprocher de ce ressenti*, songea-t-elle.

Elle voulut s'y livrer entièrement.

Puis la vibration s'atténua.

Lentement, Marie ouvrit les yeux. Dans le silence profond, son regard parcourut la pièce, il se posa sur chaque meuble, chaque bibelot. Tout reprenait peu à peu sa place, sa forme ; comme si elle réintégrait lentement la dimension habituelle de son quotidien. Elle dévisagea Elena, puis Sam. En reprenant « corps », Marie prit conscience que le temps s'était un instant arrêté. Elle respira profondément, sa poitrine se souleva légèrement emplissant les poumons d'un air bienvenu. Puis, paisiblement, elle expira. Marie sortit tranquillement de sa torpeur et prit conscience du monde qui l'entourait.

Elena lui sourit et l'aida à s'asseoir. En silence, elle tendit à la femme encore désorientée une infusion. La thérapeute la regardait pleine d'amour, son trouble la faisait sourire car elle repensait à la première fois où elle avait expérimenté l'expansion de son propre corps. *Ressentir en conscience sa nature véritable pour la première fois est une sensation inexprimable par des mots*, songea Elena. *Cet état ne se décrit pas. Il se vit.*

15.

L’ambiance était au beau fixe dans la voiture. Mère et fils se sentaient heureux. Ils étaient pleins d’énergie et elle avait poussé le volume de la radio à fond. La musique disco lui donnait envie de danser. Arrêtée à un feu rouge, elle éteignit la radio.

– Sam, ça vous dirait, à Ip et toi, de passer chez le marchand de glace avant de rentrer à la maison ?

À peine avait-elle fini de poser sa question que le signal sonore de sa voiture l’avertissait qu’un véhicule collait à la sienne. Marie se retourna. Étonnamment, elle ne vit rien ni personne. Après un silence de courte durée, l’alarme se déclencha à nouveau sans raison apparente. Marie avait beau se contorsionner dans tous les sens, elle ne voyait rien qui expliquât cette nuisance.

– Zut ! Je vais devoir aller chez le garagiste si l’alarme s’enclenche à tout bout de champ sans raison ! Comme si je n’avais que ça à faire !

Bip ! Bip ! Bip !

Sam se retourna et regarda au-dehors. Interloqué, il demanda à son ami invisible :

– Tu crois vraiment que maman ne le voit pas ?

– Sam, chéri, ce n'est pas amusant. Si tu vois ce qui provoque ce bruit, dis-le-moi !

– Pourquoi fait-elle semblant de ne pas voir le monsieur ?

– De quel monsieur parles-tu, je ne vois personne !

L'alarme retentit à nouveau.

– Bon sang, Sam, arrête ces bêtises. Il n'y a rien ! Sinon ce serait qui, d'après toi ? L'homme invisible ?

Sam dévisagea un instant l'homme inconnu décédé qui essayait par cette drôle de manière d'attirer leur attention. Il lui fit signe de la main, puis se rassit face à la route et reprit son bavardage avec Ip.

Le bruit recommença, puis cessa lorsque le feu passa au vert et qu'elle accéléra.

Légère et joyeuse, Marie ferma la voiture. Sous le chaud soleil d'été, la glace avait été la bienvenue. Dans son élan de bonne humeur, elle avait même demandé très sérieusement à Ip s'il en voulait une lui aussi. Le silence qui lui avait répondu ne l'avait pas déstabilisée : elle avait acheté aux deux garçons une glace identique. Sam avait mangé la sienne en regardant avec fascination un mime dans la rue qui faisait semblant d'être enfermé dans une cage invisible. Marie, à ses côtés, tenait le sachet en plastique dans lequel fondait rapidement la glace d'Ip : un sac qu'avait bien voulu donner le marchand non sans lui avoir lancé un regard interrogateur lorsqu'elle y plaça la glace.

Heureuse et libre, Marie se dirigea vers la maison.

– Tu sais Sam, depuis cette séance avec Elena, quelque chose que je ne peux pas expliquer a changé en moi. En sentant vibrer dans mon corps cette incroyable énergie, j'ai eu l'impression de toucher à mon âme ; c'était délicat, très doux, comme un pétale de fleur ou des ailes de papillon. Et j'ai compris que ce que je touchais, c'était moi.

Sa belle humeur imprégnait tout autour d'elle, même la plante en pot devant la porte d'entrée qui souffrait de la chaleur lui semblait resplendissante. La glace fondue d'un côté, son sac à main de l'autre, elle fit lentement glisser la clé de la maison entre ses doigts.

À peine eut-elle entrouvert la porte que le chat s'échappa en courant.

– Attention, tu vas me faire tomber ! s'écria-t-elle, surprise. Pourquoi ce chat reste-t-il chez nous alors qu'il ne nous aime pas ?

– Il ne t'aime pas, parce que tu ne sais pas le caresser.

Marie reçut ces paroles comme un coup porté en

plein cœur. Bouche bée, son regard se planta dans celui de son fils. *Il m'a parlé !* s'écria-t-elle intérieurement. *Mon Dieu ! Mon Dieu ! Il m'a parlé ! Mon bébé s'est adressé à moi ! Il m'a parlé !* Un déferlement de bonheur déborda en elle. Les larmes affluèrent et, sous son brusque mouvement d'étonnement, le sachet contenant la glace d'Ip manqua de tomber sur le sol.

Malgré la puissance du choc, elle sut aussitôt instinctivement qu'elle ne devait surtout pas montrer à son fils l'incommensurable joie qui étreignait tout son être ; elle avait peur qu'une effusion trop grande ne l'effrayât.

D'une voix qu'elle souhaitait calme, elle poursuivit le dialogue comme s'ils avaient toujours conversé ensemble, comme une mère et son fils.

– Pourrais-tu m'expliquer ce que je fais mal lorsque je touche le chat ? Comment dois-je m'y prendre ?

Marie retint son souffle, comme si celui-ci pouvait influencer sur la décision de Sam. Elle ferma ses yeux humides et pria de toutes ses forces pour que cet échange ne soit pas déjà interrompu. De sa petite voix douce, il répondit :

– Toi, tu le caresses sur tout le corps, et il n'aime pas ça. Tu ne dois le caresser que sur ses taches noires.

L'improbable explication de Sam ne fit pas réagir Marie tant elle était émue.

– Merci chéri. Je m'en souviendrai quand le chat reviendra. Peut-être sera-t-il d'accord pour que moi aussi, je le caresse de cette manière ?

Sam haussa les épaules et courut avec Ip dans sa chambre. Elle l'entendit rire et parler d'une guerre qui avait lieu dans les étoiles.

Il m'a parlé ! Seigneur, mon fils m'a enfin parlé ! Le cœur battant la chamade, elle pinça sa bouche pour retenir un cri de joie. L'air lui manquait. Ne sachant plus que faire de son corps, elle alla s'asseoir sur le canapé, mais se releva aussitôt. Son cœur allait exploser. *Six ans, six ans que j'attends !* Elle voulait reprendre sa respiration, mais son allégresse était trop intense. *Il m'a réellement parlé. Je n'ai pas rêvé ? Enfin ! Enfin il m'a vue, il m'a reconnue.* Les larmes coulèrent doucement sur ses joues. La jubilation se mêla à son soulagement. Marie se passa la main dans les cheveux. *Je dois téléphoner à Laurent ! Il ne me croira pas ! Mon Dieu*, se dit-elle, *quelle étrange journée !*

Était-ce vrai que le chat ne supportait pas d'être caressé hors de ses taches noires ? L'excitation qui l'avait gagnée lui fit oublier de vérifier si les curieuses paroles de Sam étaient une plaisanterie ou une sage vérité. Pressée à l'idée de partager immédiatement cette incroyable nouvelle, elle se rappela que Laurent ne serait pas joignable avant le dîner. *Avec qui d'autre puis-je partager ce qui m'arrive ?*

Marie tournait en rond dans le salon, impatiente et ravie. Dans son enthousiasme, elle n'avait pas réfléchi à ce qui avait bien pu déclencher l'envie de Sam de lui parler. Son unique préoccupation était de partager cet extraordinaire événement avec quelqu'un, n'importe qui, sans quoi l'intensité du moment et de son émotion risquait de disparaître. Revivre ces quelques secondes en les racontant l'aiderait à assimiler le fait que ce qui lui était arrivé était bien réel.

Elle s'empara du téléphone et, sans réfléchir, appela la seule personne qui mieux que quiconque comprendrait l'incroyable expérience qu'elle venait de vivre : Elena.

La joie au cœur, Marie raconta dans le détail le bref échange. Bien que son émotion fût encore très vive, il lui semblait parfois avoir inventé cette courte conversation avec son fils. Après toutes ces années, comment croire que le moment était enfin arrivé ?

Enthousiaste, Elena lui suggéra qu'en expérimentant sa propre énergie quelques heures auparavant, Marie avait fait un pas vers Sam. En prenant conscience de nouvelles dimensions en elle, elle s'était rapprochée de qui elle était réellement, réduisant ainsi la distance qui les séparait.

Sam ne semblait parler qu'aux personnes authentiques, proches de leur intériorité ; c'était précisément ce qu'avait vécu sa mère en séance : elle s'était consciemment reliée à son être profond. Sam, si sensible au monde invisible, avait perçu ce changement subtil. Il prenait enfin conscience de sa présence. La séance avait ainsi permis à Marie d'accéder à sa nature véritable, et à son fils de le lui confirmer en lui parlant pour la première fois.

La discussion qui s'ensuivit fut intense, oscillant entre joie et exaltation. Marie se libérait de son trop-plein d'émotions et riait à l'idée de pouvoir enfin bavarder librement avec son enfant. Au cours de cet échange, une association spontanée d'idées vint à l'esprit de la thérapeute. Au-delà du problème générationnel qui avait trait aux énergies liquides bloquées chez Sam et son père, elle pensa à la durée des bains de Sam. C'était peut-être là sa manière de revivre un état proche de celui de fœtus dans le liquide amniotique ? En répondant pour la première fois à sa mère, le petit garçon la reconnaissait-il enfin comme une personne distincte de lui, qui existait indépendamment de lui ?

Sam était-il simplement en train de grandir ?

L'énigmatique enfant se dévoilait enfin.

Pendant la conversation téléphonique de sa mère, Sam et Ip descendirent dans un silence absolu l'escalier qui menait à la chambre de ses parents. Les deux enfants, le dos voûté pour mieux passer inaperçus, posaient une pointe de pied après l'autre sur les marches. Furtivement, ils s'approchaient de leur but.

– Ferme tes yeux et bouche tes oreilles, mon Bouddha !

Plus un bruit. Même le souffle de leur respiration était inaudible. Dans l'escalier, vers la chambre à coucher, partout : l'immobilité et le silence.

– Oui, oui, je sais où elle les cache, chuchota Sam à Ip. Elle m'a montré la boîte il n'y a pas si longtemps. Ne t'inquiète donc pas, Ip.

Lentement, les garçons arrivèrent vers la porte de la chambre parentale. En l'ouvrant, le grincement des gonds parut assourdissant dans le silence.

– Oh mon Bouddha ! Elle va nous entendre. Chhhhhut ! Fais moins de bruit, Ip ! Comment ça, c'est moi qui hurle ?

Marie se désintéressait des aventures que vivait son fils ; toute à sa conversation avec la thérapeute, elle n'avait rien entendu.

Reprenant leur chemin, ils entrèrent dans la pièce. Sam se dirigea droit vers le tiroir situé au bas d'une commode ancienne. Il l'ouvrit et sortit une minuscule boîte en porcelaine bleue et blanche.

– Regarde Ip, elles sont là !

Il tendit la minuscule boîte ouverte à son ami afin qu'il puisse y admirer le trésor qu'elle contenait. Leur ravissement était à la hauteur de l'incroyable idée qu'ils venaient d'avoir.

– Non, non ! Juste une ! Cela ne servirait à rien de les prendre toutes.

Sam plaça dans sa petite main une des dents de lait de sa mère conservée précieusement depuis plus de vingt ans dans son écrin. Il referma la boîte en porcelaine, la replaça dans le tiroir qu'il ferma sans un bruit.

N'entendant que les rires et les paroles de Marie vers un interlocuteur invisible, ils remontèrent discrètement dans la chambre de Sam. Soulagés de ne pas avoir été repérés, les deux voleurs s'affalèrent sur le lit en riant.

– Bien, maintenant je vais mettre la dent sous mon oreiller et il n'y a plus qu'à attendre demain que la petite souris vienne l'échanger contre une pièce de monnaie ! Viens Ip, allons jouer dans le jardin.

En trombe, les enfants déboulèrent dans le salon, jetèrent un coup d'œil à Marie qui leur fit un sourire, et disparurent au dehors.

Au téléphone, Marie racontait ce qu'elle n'avait pas pu dire à Elena le matin même. La nuit qui avait suivi la séance de Laurent en thérapie aurique, il avait fait un rêve : Elena tenait dans sa main un trousseau de clefs, elle en prit une et la lança dans sa direction. De peur de se faire mal en la rattrapant, Laurent l'avait laissée tomber à terre. Il s'était finalement baissé et l'avait ramassée.

Le lendemain soir, Laurent avait raconté ce rêve

à Marie, riant de bon cœur du message transmis par son inconscient, dont la symbolique était si claire. Ce soir-là, de manière inattendue, il s'était confié à elle comme jamais il n'était parvenu à le faire avant. La maison était calme, leur fils dormait paisiblement à l'étage ; alors qu'elle allait s'endormir, son mari avait commencé à lui parler de ce qu'il avait vécu en séance. De manière spontanée et authentique, il s'était ouvert à elle. Il était allongé sur le côté, la tête posée sur son bras plié. Elle s'était faite la plus transparente possible afin de lui laisser la liberté de parole qu'il avait tant de mal à s'octroyer. Au moindre bruit ou mouvement, elle redoutait de briser l'enchantement et de risquer que Laurent ne se referme sur lui-même. Les mots venaient d'eux-mêmes, ils révélaient les souffrances qu'il avait endurées enfant. La peur de son père, le manque de protection de sa mère, les sacrifices de celle-ci. Son sentiment d'avoir été victime de Charles, son frère aîné, et combien il détestait son impuissance à surmonter ce rôle. À la faveur de l'obscurité, il lui avait raconté en toute franchise les colères d'un père usé, ses mots blessants qui se déversaient sur l'enfant qu'il était et qui ne comprenait pas comment il avait pu déclencher une telle rage. Ces soirs-là, le petit Laurent s'endormait blotti dans son lit, l'oreiller collé sur son visage, le ventre noué, cherchant la douceur et la réassurance maternelle sous les plumes de son duvet.

Durant ces interminables endormissements, Laurent s'était juré que jamais, s'il avait un enfant, il ne crierait.

– C'était compter sans la venue de Sam, avait-il dit avec un rire imperceptible.

C'était compter sans ton inconscient, pensa Marie, blottie contre la chaleur de son corps.

Marie profitait en silence de cette confession inattendue. Elle sentait dans la nuit noire la chaleur du corps de son mari qui s'agitait parfois en racontant ce qui pesait sur son cœur d'homme. En dix ans de vie commune, jamais il n'avait abordé avec elle le sujet douloureux de la mort de Charles. Sans le lapsus de sa mère des années plus tôt, elle n'aurait jamais appris que Laurent avait eu un frère aîné, décédé subitement à l'âge de quinze ans. La puissance de ce secret l'avait empêchée de poser des questions. L'interdit et la douleur étaient encore palpables aujourd'hui.

Marie ne se lassait pas d'entendre la voix de Laurent qui chuchotait ses pensées à son oreille. Dans l'intimité de leur chambre et pour la première fois, il devenait intarissable. Le silence de la nuit le libérait.

Absorbé dans ses pensées, il parla pour la première fois véritablement à son épouse de la culpabilité qu'il éprouvait envers leur fils. De sa désillusion. Il ne comprenait pas ce qu'il pouvait partager avec Sam : des jeux de ballons ? Commenter un match de foot à la télé ?

– Sam, avait-il dit, n'a pas une once d'agressivité en lui, il n'aime pas être touché, bousculé ou qu'on le taquine. Qu'est-ce que je peux faire avec lui ?

Le père avoua qu'il se demandait régulièrement si son fils était retardé comme l'avaient supposé certains thérapeutes et, s'il avait honte de ses nombreux doutes, il avait encore plus honte d'avoir peut-être engendré un enfant demeuré. Mais la vie se jouait de ses sentiments contradictoires car à chaque fois qu'il s'était dit : *je vais faire l'effort d'accepter que mon fils est idiot*, Sam faisait une réflexion d'une telle intelligence, qu'il ne savait plus qui croire !

– Souvent, soupira-t-il, j'adore ce gosse, mais parfois, je ne l'aime pas. Parce qu'il me dérange…

Sa voix se brisa.

Stupéfait par cet aveu spontané, il en resta là. Le silence emplit la chambre, l'obscurité sembla plus sombre, plus lourde. Une douleur sourde l'engloutit lentement. Maîtrisant l'angoisse, il attendait, immobile, la réaction maternelle qui ne manquerait pas suite à ce déferlement de mots très durs. Marie prenait toujours la défense de leur fils. Autrefois ils en riaient : Laurent aimait dire à leurs amis qu'elle protégeait Sam, non pas comme une mère « poule », mais comme une mère « poulpe ».

Mais Marie ne dit rien. Le chagrin de son mari la

bouleversait. Elle était profondément émue de sa confession qui venait du cœur, en toute simplicité. Si cela avait été en son pouvoir, elle aurait souhaité le décharger de sa souffrance, ou au moins lui témoigner son amour, mais elle n'osait pas. Cet échange les rapprochait et elle ne voulait surtout pas détruire cette confiance fragile entre eux.

– Tu sais, j'ai toujours pensé que tu étais un père formidable. D'avoir entendu ce qui t'est arrivé dans ton enfance, cela me rend encore plus admirative aujourd'hui de ton attitude envers notre fils.

La gorge nouée, il s'écarta imperceptiblement d'elle. Il crispa sa poitrine du mieux qu'il put afin que sa respiration se calme et que les larmes refluent vers l'intérieur.

Marie ne dit rien. À l'autre bout du fil, la thérapeute fit de même. Dans ce silence qui les réunissait, les deux femmes saisirent au même instant l'importance de ce moment entre Marie et Laurent. Que Laurent puisse enfin se confier, qu'il ose parler, sans craindre le jugement de l'autre, était essentiel à son évolution et au futur du couple.

Marie s'apprêtait à dire autre chose quand les cris de son fils l'interrompirent :

– Il neige ! Il neige ! Regarde Ip, comme c'est beau !

Interloquée, elle écourta la conversation, raccrocha et se précipita vers le jardin où les portes ouvertes de la terrasse laissaient entrer les cris de joie de Sam.

– Je suis sous la neige, je suis dans la neige ! Je suis la neige !

Elle courut derrière la maison, guidée par le son de sa voix. La vision fugace qu'elle vit alors la cloua sur place.

Un paysage féerique s'offrait à ses yeux ébahis : le petit garçon faisait tournoyer à toute vitesse des taies d'oreiller dans chacune de ses mains. Les plumes blanches volaient au-dessus de lui comme de la neige et tombaient en flocons. Le reflet des plumes virevoltantes scintillait dans la lumière du ciel bleu de l'après-midi.

Le blanc neigeux des plumes qui recouvrait l'herbe autour du garçon contrastait avec le vert des buissons et du gazon alentour.

Un paysage splendide : à la fois neigeux et estival.

Ce n'était pas uniquement la beauté du jeu qui ravissait l'enfant, il éprouvait un réel délice à se sentir entouré de ces milliers de flocons, dans un plaisir presque sensuel. Il s'allongea bientôt sur cette neige imaginaire et s'y abandonna tel un nourrisson dans un nid douillet. Ce bonheur innocent le submergeait.

Une fois de plus, la magie de Sam opérait ; il créait le monde merveilleux qu'il désirait habiter.

Ce spectacle enchanteur et inattendu renvoya Marie à la pureté de son propre bonheur lorsqu'elle était enfant. Un sentiment qu'elle n'avait pas éprouvé depuis longtemps.

Elle resta là impressionnée, immobile, comme sous l'effet d'un charme.

La vie était un cadeau divin, où tout devenait possible.

Un bonheur qui ne connaissait pas de limite.

Un bonheur qui ne se nourrissait que de l'essentiel.

Un bonheur engendré par la plus grande simplicité.

16.

Dans la cuisine, Marie écoutait d'une oreille distraite les lointains babillements de Sam qui pataugeait dans le bain depuis près de trente minutes. Elle avait pris l'habitude de s'occuper durant l'heure qu'il passait à jouer dans l'eau. Le bonheur qu'elle ressentait depuis peu la comblait. Rien n'avait fondamentalement changé dans sa vie, mais ces quelques changements avaient eu un effet important sur son état intérieur. Sam à présent lui parlait régulièrement, et même s'il ne s'adressait pas encore à son père, elle était certaine qu'un second miracle se produirait un jour. Elle avait confiance en l'avenir.

Absorbée dans ses pensées, la jeune femme n'entendit pas le silence impromptu qui se fit brusquement dans la maison. Le seul bruit était celui de l'eau qui bouillait dans la casserole.

Marie repensait à la dernière séance de thérapie.

Elena avait évoqué cette dernière comme une métamorphose vers plus de joie, pour elle mais aussi pour sa famille. Elle avait expliqué qu'auparavant, Sam lui renvoyait l'insécurité qu'elle vivait en elle ; désormais, ce sentiment était remplacé par la reconnaissance et l'amour qu'elle éprouvait.

La sonnerie stridente du téléphone tira brutalement Marie de sa rêverie.

Elle chercha des yeux le combiné tout en prêtant l'oreille à la prochaine sonnerie afin de s'orienter dans ses recherches. Étrangement, le téléphone cessa de sonner après ce seul signal. Croyant avoir mal entendu, elle ôta la casserole du feu et écouta. Le téléphone resta silencieux.

Le reste de la maison aussi.

Son cœur de mère cessa soudain de battre. Le corps tendu et en alerte, elle écouta de tout son être le silence, se rendant compte avec angoisse qu'elle n'entendait plus le bavardage habituel de son fils. Prise de panique, elle s'élança vers la salle de bains, la respiration bloquée par le stress.

Quand elle entra dans la pièce, la vision effroyable qui s'offrit à elle la stoppa net dans son élan.

Sam flottait dans l'eau, inanimé.

– Sam ! hurla Marie, affolée.

Elle s'élança vers lui en poussant un cri

déchirant. Plongeant les deux bras dans l'eau tiède, elle retourna précipitamment le corps pour libérer le visage de l'emprise de l'eau, inondant dans son empressement le sol et ses habits.

– Respire !

Des images vues à la télévision de noyades, de tsunami, d'enfants abandonnés dans des villages inondés, déferlaient dans sa tête et noyaient sa capacité à parer à l'urgence de la situation.

Un râle désespéré s'échappa de la gorge de la femme qui faisait un effort surhumain pour extirper son enfant de la baignoire, mais ce corps d'habitude si léger pesait incroyablement lourd.

– Respire Sam ! Respire ! lui cria-t-elle.

Le monde extérieur avait cessé d'exister.

Ses cheveux trempés collaient à son visage et brouillaient sa vue. D'un geste rapide, elle ôta une mèche de ses yeux. Elle tenta de tirer son fils hors de l'eau mais ne parvenait pas à maîtriser ses tremblements, ni à recouvrer l'équilibre. À tout moment, ils risquaient de glisser dans la mare qui s'était formée sur le carrelage.

Quels sont les gestes à faire en cas de noyade ? Où est ce damné téléphone ? Depuis que Laurent avait acheté un appareil sans fil, le combiné se baladait dans toute la maison, sans que l'on ne sache jamais où il se trouvait.

La panique la saisit. Sa robe trempée collait à la peau du petit garçon. Tentant de reprendre le contrôle de son corps, la respiration haletante, elle regarda son enfant. Il lui sembla qu'il respirait. Elle reprit espoir, prit une serviette de bain et l'enveloppa. Dans un ultime effort, le serrant plus fort encore contre sa poitrine, elle retourna maladroitement au salon. Ses yeux cherchaient frénétiquement le téléphone ; arrivée devant le canapé, elle y déposa délicatement son fils.

Allongé sur le côté, la respiration du petit garçon semblait faible, mais bien réelle. Marie, déchirée entre l'urgence d'alerter les secours et l'envie instinctive de rester auprès de lui, s'agenouilla finalement sur le tapis, essoufflée, son visage plaqué contre celui de Sam. La violence de sa peur la submergea. Un sanglot animal remonta du plus profond de son âme, d'une telle puissance qu'elle en fut tétanisée. *Où est ce fichu téléphone ?* Dans un ultime effort, elle domina sa détresse et courut chercher un duvet dont elle emmaillota son fils. *Combien de temps est-il resté sans respirer ?*

Revenant rapidement vers Sam, elle l'emmitoufla dans la couette.

Mon Dieu, je vous en prie, laissez vivre mon bébé, implora Marie en silence, *gardez-le en vie !* Sa prière silencieuse, comme un mantra, revenait inlassablement dans son esprit. Gardez-le en vie !

De toute son âme, elle implorait le Ciel qu'il épargne cette petite vie. Dieu désirait-il vraiment leur mort à tous les deux ? Car si Marie perdait son fils, elle n'y survivrait pas.

Soudain, un hoquet, pareil à un vomissement, s'échappa de la gorge du petit garçon. Dans un spasme, l'eau avalée se déversa sur le sol. Choquée, Marie se mit à pleurer de gratitude.

– Sam ! Tu es vivant ! Je suis là ! Maman est là, mon chéri ! murmura-t-elle à son oreille.

Mon Dieu, merci ! Merci de l'avoir épargné !

Sa respiration saccadée accompagnait celle de son fils, qui toussait et crachait le restant d'eau. L'enfant, en boule dans son duvet, tremblait de tous ses membres. Chaque tentative d'inspiration l'étranglait. Marie enlaça son corps de son bras gauche et lui caressa le visage de sa main libre. D'une voix douce et calme, elle lui murmura des mots d'amour.

Sam, par moments, cherchait son souffle qui l'entraînait dans une violente quinte de toux. Mais s'il peinait à respirer naturellement et à déglutir, au moins il respirait !

Peu à peu, sa respiration irrégulière se calma. Le corps de l'enfant tremblait de froid et du stress qu'il avait subi. Marie s'installa sur le sofa et prit son fils contre elle. Elle parvint à le coucher en travers d'elle, le duvet le recouvrant parfaitement. Son petit corps transi, sans force, s'appuya contre elle. Ainsi blotti, il se détendit.

Elle répondit à la tendresse de ce mouvement en l'entourant plus fort encore. Intimement lové, il se laissa envelopper dans sa chaleur maternelle et s'abandonna.

Il ferma les yeux et se laissa lentement gagner par l'épuisement.

Marie berça tendrement son fils, comme elle le faisait jadis. L'écoulement du temps cessa son infatigable mouvement.

Le souffle court, épuisée par la tension, elle ne bougea plus. Dans ce silence, d'une voix rauque et chancelante, Marie entonna une berceuse.

Sam respirait enfin avec aisance.

Il s'endormit paisiblement.

Marie remercia le Ciel encore et encore de l'avoir avertie à temps, avant l'irréparable. Dans sa gratitude, elle ne vit pas Ip qui se tenait là à ses côtés et qui souriait. D'une voix émue, elle continua à chantonner imperceptiblement, dans cette intimité retrouvée.

Un sentiment d'infinie dévotion inonda tout son être : des sanglots, trop longtemps étouffés brisèrent la tendre mélodie.

Dans cet élan d'amour pour son enfant endormi, elle laissa ses larmes couler. Mais en silence, pour ne pas le réveiller.

En diminuant, la tension accumulée dans son corps déclencha une écrasante fatigue chez la jeune femme. Elle s'abandonna à l'instant. Le cœur de Marie s'était remis à battre tranquillement, elle respirait l'odeur de la peau de son enfant, l'odeur mouillée de ses cheveux. *Chaque seconde de vie est un cadeau précieux*, pensa-t-elle. *Un merveilleux cadeau divin.* Pouvoir toucher ce petit corps, qui lentement se réchauffait à son contact, était la seule richesse qu'il lui importait désormais d'avoir dans ce monde.

Sam remua. Le drame lui revint instantanément en mémoire. Troublé, il dit soudain :

– Pardon, maman…

Un sanglot étouffa la gorge de Marie. *Mon Dieu ! C'est si bon d'entendre sa voix !*

– Ne t'inquiète pas mon trésor, tout va bien. Tu es vivant, tu vas bien ! voulut-elle le rassurer.

– Je suis désolé, à cause de moi il y a de l'eau partout dans la maison !

Marie éclata de rire ; elle ne parvint bientôt plus à s'arrêter, déversant ainsi nerveusement son trop plein d'angoisse. Des larmes de soulagement et de joie inondèrent son visage.

– Oh, mon chéri, je t'aime tellement ! Ne t'inquiète pas pour l'eau, c'est sans importance. L'essentiel est que tu sois là, près de moi et bien vivant !

Sam ne quittait pas sa mère des yeux.

– Tu sais, c'est bizarre… Dieu n'a pas de tête, et pourtant il parle et il entend ! Il est comme mon arbre !

Marie sourit à cette évocation.

– Quand j'étais sous l'eau, Dieu m'a parlé. Il m'a appris plein de choses !

– Oh, mon cœur ! Que t'a-t-il appris ?

Le petit garçon voulut répondre, mais une fois de plus, les mots lui manquaient.

Lorsqu'il s'endormait autrefois, Sam était terrifié. Dans l'obscurité de la nuit, il ne voyait ni n'entendait plus rien ; il disparaissait à ses propres yeux : mais où se rendait-il dans son sommeil ?

L'endormissement lui donnait l'impression d'embarquer pour un autre monde constitué de vide et désincarné de toute vie. Quels terribles dangers pouvait bien receler l'obscurité de la nuit, si même Ip, son inséparable ami, refusait de l'accompagner dans cet étrange voyage ?

Or Dieu, en noyant Sam, lui avait permis de reconsidérer ses peurs.

Dieu, en le noyant, lui avait fait découvrir l'existence de la vie au-delà de la mort !

Comment expliquer à sa mère que lorsque l'on meurt, la frontière que l'on croyait réelle entre la vie et la mort, entre le corps et l'âme, entre le songe et l'éveil, n'existe pas ?

Comment expliquer cet incroyable sentiment de continuité de sa conscience ? Une conscience qui transcendait tout, qui perdurait par-delà le corps physique, l'esprit, la matière et la non-matière ?

Comment expliquer à sa mère que ce n'était pas parce que son corps cessait de vivre qu'il mourrait avec lui ?

Comment lui montrer que ce qu'elle croyait être la réalité de la vie n'était qu'une illusion ?

Sam songea au jour où il avait été dans une fureur noire contre son père. La veille au soir, il avait eu peur d'un monstre caché sous son lit ; cette présence malveillante l'avait empêché de s'endormir. Terrifié, le petit garçon s'imaginait qu'il profiterait de son sommeil pour sortir de sa cachette et le dévorer, voire pire encore… Après de vaines tentatives courageuses pour trouver le sommeil, il avait capitulé et s'était glissé discrètement dans le lit parental, pensant y trouver du réconfort.

Dérangé par la présence de son fils, son père s'était immédiatement emporté et l'avait remis de force dans son lit. Sam se rappelait avec angoisse son père qui lui criait : « Les monstres n'existent pas, c'est ton esprit tordu qui les invente pour mieux nous déranger ! » Avec des gestes théâtraux, Laurent avait soulevé le matelas du sommier, regardé sous le lit, prouvant par ces actes démesurés que le monstre était pure invention.

Après lui avoir commandé : « Dors, c'est un ordre ! », le père s'en était retourné dans la chambre où l'attendait Marie, effarée.

Au petit matin, les parents de Sam l'avaient retrouvé endormi sur le canapé du salon où il avait visiblement passé la nuit. Marie avait tenté de s'excuser auprès de lui de n'avoir pas réagi ; mais il avait fait mine de ne pas la voir ni l'entendre, ce qui l'avait blessée plus encore.

Déçue, se sentant coupable de son comportement de la veille, elle redescendait péniblement l'escalier lorsqu'elle avait entendu dans son dos Sam murmurer à Ip :

– J'y comprends rien, Ip. Pourquoi je te vois et maman ne te voit pas ? Pourquoi papa et maman me disent que tu n'existes pas, simplement parce qu'ils ne te voient pas…

Il soupira.

– Maman, elle dit qu'elle croit en Dieu alors qu'elle ne l'a jamais vu, et moi je ne devrais pas croire en ce monstre alors que je le voyais parfaitement sous mon lit !

Comment fait maman pour croire en Dieu, alors qu'elle ne le ressent pas à l'intérieur d'elle ?

Ce que je vois, ce que maman voit, ce que papa voit. Ce qu'Ip voit, pensait l'enfant. *Chacun de nous voit les choses différemment.*

Chacun voit sa vérité. Parce que tout n'est qu'un rêve.

Sam comprit soudain que la réalité n'existait pas. Pas plus que sa peur.

Mais pour réaliser qu'une vérité unique n'existe pas, il faut être capable de regarder la vie au-delà de notre ego et de nos croyances ; de regarder les gens au niveau du cœur.

Tout est illusion. Voilà quelle avait été la révélation du Divin à Sam.

En vivant cette extraordinaire expérience, le petit garçon avait fait une découverte fondamentale qui allait bouleverser son existence : sa peur n'avait pas lieu d'être, car peu importait l'état dans lequel il se trouvait – endormi ou éveillé, vivant ou mort – il demeurait vivant. Tout comme Ip.

Même inconscient dans l'eau, Sam s'était senti pleinement vivant ! Il s'était promené aussi librement dans le monde invisible que dans le monde visible ! Parce qu'il n'était ni l'un ni l'autre, il existait au-delà de ces deux mondes !

Il était partout vivant, présent et conscient. Dans chaque dimension, Sam pouvait penser, réfléchir, être. Il savait où il était, d'où il venait et où il allait, parce que l'espace n'existait pas.

Il savait qui il était. En conscience.

Il savait qu'il *était.* Tout simplement.

Ce jour-là, en noyant Sam, Dieu lui avait ôté toute peur.

Interloquée par le silence de son fils, Marie jugea prudent de ne pas renouveler sa demande d'explication, ignorant à quel enseignement divin il avait fait allusion. Les yeux mi-clos, une esquisse de sourire sur les lèvres, le visage de son enfant exprimait un calme parfaitement serein, qu'elle ne souhaitait pas perturber. Marie contemplait son fils qu'elle avait failli perdre. Elle le serra plus fort encore contre la chaleur de son corps. L'enfant s'assoupit quelques minutes.

Ouvrant les yeux, Sam désira décrire à nouveau à sa mère ce qu'il avait expérimenté. Il résuma du mieux qu'il put l'enseignement intérieur qu'il venait de recevoir :

– L'Univers voulait que je me noie, dit-il sur un ton solennel et sans lever les yeux vers sa mère. Je ne dois plus jamais avoir peur de rien. Parce que c'est Dieu qui sait, c'est Dieu qui fait.

– Tu sais chéri, c'est difficile pour moi de t'entendre dire que Dieu voulait que tu te noies.

– C'est vrai, réfléchit Sam. Il fait des choses bizarres…

Mais désormais, il n'avait plus aucun doute : le Divin était partout, dans toutes les personnes et dans toutes les situations, même les plus pénibles.

Aujourd'hui, il avait compris que quoi qu'il arrivât à son ami invisible, il leur était impossible de se quitter, car rien n'était séparé. La solitude n'existait pas. La séparation n'était qu'une illusion. Un sentiment inventé par la peur de la perte de l'autre.

Il sentait profondément en lui qu'Ip serait à tout jamais à ses côtés.

Après un bref silence, il ajouta :

– Ip pourra partir dès qu'il le voudra.

17.

Elena avait travaillé toute la journée et elle avait hâte de rentrer chez elle. Or, en apprenant l'accident de Sam, elle se rendit en catastrophe chez Laurent et Marie. Bien qu'il fût aisé de comprendre que la noyade découlait de leur problème lié aux liquides, elle ne voulut pas laisser ce drame dénué de sens. Cependant, sur le chemin qui la conduisait chez eux, sa seule préoccupation concernait l'enfant. Encore et encore, elle repensait aux paroles rassurantes de Marie : le médecin de garde n'avait décelé aucune séquelle. Sam allait bien et se remettrait rapidement du choc.

Ce soir-là, Elena aperçut depuis la vitre de sa voiture, une maison basse de style provençal. Les volets vert pâle, ouverts sur des murs clairs, laissaient filtrer la lumière de l'intérieur. Un étroit parking lui permit de se garer à quelques mètres de l'habitation. Elle remonta l'allée dans la pénombre ;

un vélo d'enfant était abandonné à terre. Dans l'obscurité, le jardin semblait en friche, mêlant mauvaises herbes, cailloux et fleurs multicolores. Étonnamment, ce désordre créait une atmosphère accueillante et réconfortante, il donnait envie de se prélasser sur la terrasse en bois. La thérapeute, touchée par la confiance de Marie, s'interrogeait : *quels conseils pourrais-je lui donner ?* Elle savait que la résolution de leur problématique liée aux liquides commençait par un véritable travail sur soi, or Laurent était particulièrement réfractaire à toute remise en question. Elena était pourtant convaincue que c'était la seule voie.

Tournant son cœur vers le ciel, elle demanda l'aide de l'Univers pour que le problème à l'origine de ce drame soit aisément découvert. Intimement convaincue qu'en l'Univers résidait une réponse à toute chose, elle sonna à la porte d'entrée.

– Entrez, l'invita froidement Laurent.

Elena lui sourit.

– Bonsoir, Laurent.

La lumière du salon illuminait le hall d'entrée. Elena passa devant lui et pénétra dans la pièce principale. Sam, endormi, était blotti dans les bras de sa mère, qui appréciait visiblement ce moment rare de pouvoir le câliner à volonté. En apercevant la thérapeute, elle voulut se lever. Elena lui fit comprendre d'un signe discret qu'il valait mieux qu'elle reste assise pour ne pas réveiller le petit garçon.

Une bibliothèque en bois sombre occupait tout un mur et contenait avec peine un volume impressionnant de livres. Une chaîne hi-fi silencieuse reposait sur une table basse. Dans la cheminée, les bûches formaient une pyramide prête à flamber lorsque viendraient les jours plus frais. Ce décor sobre et chaleureux, produit notamment par la lumière indirecte des lampes, ne dissipait en rien l'atmosphère pesante de la maison.

– Venez, dit-il, l'enjoignant de le suivre vers la cuisine. Vous voulez boire quelque chose ?

– Ce que vous prendrez m'ira très bien.

Le père était fuyant, énervé. Il ouvrit le frigo de manière brusque pour en sortir une bouteille de vin déjà entamée. Il prit trois verres à pieds et versa le liquide rouge. Laurent but une gorgée.

– Votre thérapie n'a visiblement pas marché ! ricana-t-il.

Malgré son envie de se disputer avec Elena, il s'efforça de continuer à voix basse.

– Vous avez mis la vie de mon fils en danger, vous vous en rendez compte ?

– Tout ne s'est pas déroulé comme nous l'espérions, je suis d'accord. Mais avec l'expérience, j'ai appris que même lorsqu'une situation paraît négative, les apparences peuvent être trompeuses.

Laurent l'observa quelques secondes, puis, à

voix basse, lui proposa de rejoindre son épouse au salon. À peine fut-elle assise, que la discussion fusa, toujours sans hausser le ton. Laurent accusa ouvertement Elena d'être responsable de la noyade de son fils. Il craignait des séquelles psychiques et redoutait que Sam ne reste traumatisé à vie. En écoutant sa critique, la thérapeute observait discrètement Marie, qui demeurait silencieuse. On aurait dit une enfant perdue, incapable de se mêler à une dispute parentale. Elena écoutait intensément les arguments de Laurent, il les égrenait en fulminant, et faisait les cent pas dans le salon ; la thérapeute avait la sensation d'être témoin d'une scène où son avis n'intéressait personne. Il cherchait un bouc émissaire : le mieux qu'elle pouvait faire était de le laisser déverser sur elle sa colère afin de ne pas envenimer la situation déjà tendue.

Elle se taisait volontairement, car elle avait conscience que sa rage n'était que l'expression de sa souffrance et que la bataille de Laurent, sa véritable lutte, n'était pas celle qu'il livrait contre elle, mais contre lui-même.

Après quelques minutes passées à l'écouter, elle émit finalement le souhait de réfléchir ensemble et objectivement à ce qui venait de se dérouler, en mettant de côté les émotions et les jugements. Son attitude ferme et posée décontenança Laurent et l'apaisa un instant.

Elena but une gorgée de vin et reprit :

– Sam n'a risqué sa vie ni par hasard, ni inutilement. Les obstacles ne sont pas là pour nous écraser, mais pour nous aider à découvrir l'enseignement sous-jacent à chaque événement de notre vie.

Restait donc la question principale : pour quelle raison ce conflit aux liquides s'était-il retourné de manière si brutale sur l'enfant ?

Le hasard n'existait pas, de cela, elle en était certaine et pour celui qui savait l'interpréter, l'obstacle était le guide.

Encore sous le choc, Marie raconta à Elena le drame qui s'était joué dans sa maison. Emmitouflée dans une couverture, elle parlait à voix basse pour ne pas réveiller Sam. Dans le détail, elle lui raconta l'accident en contenant difficilement ses émotions. Elle reprit tout depuis le début. Le repas qui mijotait sur le feu, la sonnerie du téléphone dans le silence, la découverte de Sam le visage dans l'eau, la peur de la mort, les pleurs, le soulagement. Laurent et Elena écoutaient attentivement le récit tragique.

Cette lente description racontée sur un ton monotone permit bientôt au stress des parents de se poser et de laisser place à l'incompréhension et à leurs sentiments d'impuissance et de culpabilité. C'était un instant décisif. Le moment où l'on pourrait véritablement se poser les questions essentielles.

Elena réfléchit : un élément manquait visiblement à l'équation : il fallait rapidement le découvrir avant qu'un autre malheur ne s'abatte sur l'enfant.

Avec patience et minutie, les trois adultes repassèrent un à un les détails de la séance de Laurent et analysèrent le moment avant la noyade. Étrangement et malgré le drame qui les réunissait ce soir-là, l'humeur devint soudain légère. Était-ce dû à la fatigue ? À leur épuisement nerveux ? Toujours était-il qu'ils se mirent chacun à tour de rôle à faire des associations libres sur le problème des énergies liquides bloquées chez Laurent et dans sa famille.

– Le choix du métier de mon mari n'est pas non plus sans rapport avec le liquide, renchérit Marie qui s'était prise au jeu, il parle d'argent avec des banquiers toute la journée ! Il est donc dans le liquide jusqu'au cou !

Sous l'impulsion de la thérapeute, Laurent prit conscience que son prénom – bien que choisi par hasard par ses parents à sa naissance – était typique d'une problématique liée aux liquides : « l'eau rend ».

Les idées fusaient, parfois saugrenues ; ce moment de détente leur fit du bien à tous. Profondément endormi, Sam ne broncha pas dans l'agitation momentanée. Cependant, aucun résultat concret ne découla de ces égarements. Une certaine tension gagna Elena : elle ne voulait pas repartir sans avoir découvert où se situait le déséquilibre qui avait mis en danger la vie de Sam. Elle était absolument sûre du bon déroulement de la séance et du rééquilibrage de l'aura de son client ; mais alors, d'où provenait la résistance à la libération de cette énergie ?

S'entendre plaisanter alors qu'elle tenait Sam pour mort quelques heures auparavant devint subitement insupportable pour Marie. L'effroi passé ressurgit violemment dans son esprit. Elle renversa sa tête sur le dossier du canapé et, le visage fermé, tâcha de retenir ses larmes. N'en pouvant plus, elle se mit à sangloter silencieusement. Son époux contourna le sofa et se pencha pour l'entourer tendrement de ses bras. Le contrecoup du terrible drame les atteignait à nouveau de plein fouet.

– Mon Dieu, j'ai eu tellement peur, si vous saviez ! Je crois que nous devrions tout arrêter… Ce monde des énergies m'inquiète, je ne supporte plus de ne pas être capable de le percevoir.

– Il est normal d'avoir été autant effrayée, Marie. N'importe qui l'aurait été tout autant que vous. La peur de la mort est *la* peur primordiale. Elle est à l'origine de toutes les autres peurs, même si nous n'en avons pas véritablement conscience.

La thérapeute repensa à l'enseignement que Sam avait reçu durant ces quelques secondes entre la vie et la mort :

– L'aveu de Sam d'avoir rencontré Dieu alors

qu'il était inconscient m'a beaucoup émue. Vous savez, le contact avec la mort a cet étonnant pouvoir de nous éveiller à la vie. Pour vous, ses parents, cette expérience est un drame. Pour Sam, au contraire, ce fut une expérience directe magnifique avec quelque chose qui nous dépasse. Ce surprenant décalage pourrait nous amener à réfléchir sur ce qu'est vraiment la mort et nous guider vers des réponses sur la vie.

– Vous avez raison… Sam était bouleversé par les paroles qui ont résonné en lui. Et c'est vrai que cela m'a donné envie de vivre moi-même cette étonnante rencontre !

Marie réfléchit afin de trouver les mots qui refléteraient au mieux sa pensée.

– Sentir la mort si proche m'a subitement donné envie de vivre mieux. Nous en avons même discuté avec Laurent avant que vous n'arriviez, nous nous sommes dit que nous devrions être plus attentifs les uns envers les autres, profiter de notre fils et cesser de nous quereller…

– Vous savez, répondit Elena, mon travail m'a donné l'occasion de rencontrer bien des personnes qui ont eu le même élan que vous et votre époux. Mais ne vous y fiez pas : sous le coup de l'émotion, il est facile de se promettre de vivre plus pleinement, plus en conscience, de jouir de chaque jour comme si c'était le dernier. Malheureusement, cela ne reste bien souvent qu'une promesse sans lendemain, car elle est uniquement fondée sur un choc émotionnel. Et lorsque le quotidien reprend son cours, eh bien… nous oublions nos résolutions. Une des seules manières d'aborder sereinement la mort est de se préoccuper de savoir ce qu'elle est réellement, bien avant qu'elle n'intervienne. Mais il s'agit là d'un travail sur soi, d'un état d'être à développer, d'expériences à vivre personnellement. Seul un travail intérieur et sur le long terme vous aidera à ne pas laisser les apparences de ce monde vous dominer.

– Pourtant, j'ai souvent pensé à la mort ; d'ailleurs j'y songe tous les jours ! La mort de mon fils, celle de mon frère… ma propre mort…, renchérit Laurent.

– Un enfant qui pense à la mort, y pense véritablement. L'adulte, lui, ne pense pas à la mort, il pense à la peur de mourir, ce qui n'est pas la même chose. En réalité, lorsque nous désirons penser à la mort, nous passons notre temps à ne pas y penser : nous imaginons la souffrance de mourir, ou la douleur d'être séparé d'un être cher, par exemple, mais cela n'a rien à voir avec le processus de la mort. La mort n'a rien à voir avec la peur de la mort.

La thérapeute se remémora un événement vécu par une infirmière de sa connaissance qui lui avait raconté la lente agonie de l'un de ses patients. L'homme âgé se montrait très agressif tant il était terrifié à l'idée de mourir. Son angoisse prenait de telles proportions que tout le personnel hospitalier s'épuisait à son contact. Les discussions, les calmants, rien n'y faisait. Le plus tragique, lui avait-elle avoué, fut que le personnel soignant chercha rapidement à l'éviter autant que possible, de sorte qu'il vivait ses derniers jours dans une grande solitude.

Puis un jour, alors qu'elle était contrainte de pénétrer dans sa chambre pour lui donner des soins, elle découvrit l'homme en paix. Cette journée-là, il ne harcela pas le personnel, il se montra agréable. En parlant avec lui, elle se rendit compte qu'il n'avait plus peur de mourir. Le lendemain matin, il décéda sereinement.

Enthousiaste, l'infirmière avait expliqué à Elena que cet homme avait probablement senti venir sa mort et qu'il avait accompli en vingt-quatre heures un incroyable travail intérieur. Puis le lendemain, libéré de toute angoisse, il était décédé. Elle était ravie de la paix qu'il avait ainsi découverte à l'aube de sa mort.

Elena ne put s'empêcher de lui faire remarquer que si la maladie pouvait sublimer l'humanité d'une personne, aucun travail personnel intérieur n'avait été réalisé par cet homme. Il avait seulement abandonné sa peur de mourir, lâché prise avec l'émotion angoissante de sa mort imminente. Il n'avait aucune conscience de ce qu'était la mort, car il ignorait en mourant ce qu'était sa nature véritable.

Elena reprit la discussion :

– La mort nous parle de nous, de la vie, de notre place dans l'univers.

– Je ne comprends pas… Pour moi, la mort est effrayante, c'est la fin de la vie, intervint Marie.

– Si nous restons figés dans cette crainte, c'est uniquement à cause de notre méconnaissance de ce qu'elle représente réellement. Tant que nous nous limitons à notre corps physique, donc à la matière visible, alors la mort est pour nous l'arrêt de la vie. Cette pensée nous maintient dans la peur de disparaître définitivement. Le problème n'est ainsi pas la mort, mais notre perception de celle-ci.

– J'ai peine à croire que nous serions plus que notre corps physique, intervint Laurent.

– En réalité, nos représentations du monde et des personnes dépendent des limites imposées par notre mental. Or en travaillant sur nous par le biais de la spiritualité, de la méditation et des énergies, nous parvenons à transcender nos croyances et à développer une perception infiniment plus subtile qui nous permet de comprendre que la réalité quotidienne telle que nous la percevons n'est pas réelle, que la vie telle que nous la percevons n'est qu'apparence.

– Je ne comprends pas… Je vous vois telle que vous êtes, et Marie aussi vous perçoit de la même manière.

– Et pourtant, ce n'est pas le cas : chacun d'entre

nous crée sa vision personnelle de la réalité. La phobie illustre parfaitement le pouvoir d'illusion de nos perceptions : par exemple, quelqu'un qui a peur des araignées ressent réellement de l'angoisse au contact des araignées, contrairement à celui qui n'en a pas peur et qui ne voit en elles que des créatures inoffensives. Pour la personne atteinte par cette phobie, l'araignée est menaçante ; elle se sent vraiment – émotionnellement – en danger. Or, cette impression est totalement illusoire : ce comportement phobique de peur apparaît comme absolument insensé et injustifié à celui qui n'éprouve aucune crainte face aux araignées.

Cette discussion sur la mort angoissait Laurent qui demeurait debout, derrière le canapé. Anxieux, mais aussi fasciné, il laissa les deux femmes discuter entre-elles :

– Posez-vous la question sérieusement : « Si cette journée était la dernière, comment voudrais-je la vivre ? » La réponse, expliqua Elena, nous oblige à nous installer dans le moment présent.

– Il est vrai que posée ainsi, cette question m'inspire le désir de régler certains aspects de ma vie, tout ce qui n'est pas résolu, répondit Marie.

Je ne pourrais pas mourir aujourd'hui, je n'ai rien réglé, ni mon passé, ni mes peurs, songea Laurent. *La vie, la vraie, est sûrement autre chose que d'avoir les entrailles serrées du matin au soir.*

– Vous avez raison Marie : cette réflexion

positive sur notre propre mort implique le début d'une transformation intérieure : compléter l'inachevé.

En théorie, ces paroles sonnaient clair en Laurent, mais en pratique, la honte recouvrait tout. *Comment cesser d'être dans le mensonge permanent ? Quelle attitude adopter ? Parler et risquer de faire fuir Marie ou me taire et étouffer mes angoisses avec des anxiolytiques ?* Dans les deux cas, il risquait de rompre le lien avec son épouse ou avec lui-même.

Plongé dans ses réflexions, il n'entendit que la fin de la phrase d'Elena :

– … souvent nous préférerons nous taire, nous convaincre que ce n'est pas grave de dissimuler tel ou tel événement.

– Mais le secret luttera toujours pour faire surface, n'est-ce pas ? renchérit Marie.

– Oui. Se taire amène souvent à la destruction de soi, de sa famille ou à la maladie. On peut mourir de ne rien dire…

L'heure tournait. Elena sentait la fatigue les gagner, la réunion devait impérativement cesser afin que cette famille puisse retrouver un peu d'intimité. Dans un dernier effort, elle réfléchit à ce qu'ils avaient oublié d'évoquer. Tout événement a un sens caché, ils devaient parvenir à le découvrir. Prise d'un doute, elle demanda subitement à

Laurent de retracer dans le moindre détail le rituel qu'il avait accompli après leur séance.

À voix basse, Laurent, à présent installé dans un fauteuil, raconta que ce soir-là, la pluie et le froid le décourageaient de s'exécuter :

– J'étais fatigué et puis franchement, je me sentais ridicule : comme si brûler un texte pouvait me délester d'un problème !

Sur l'insistance de son épouse, il était néanmoins descendu vers le lac. Il était environ vingt et une heures trente, il était seul. Il ferait bientôt nuit noire. Appuyé sur un muret, il avait rédigé, à la lueur de la lampe torche, le texte proposé par Elena. En évoquant la scène, il se rappela que plusieurs allumettes avaient été nécessaires pour brûler ce petit bout de papier, ce qui du reste l'avait fortement intrigué.

Laurent se tut, avant d'ajouter brusquement :

– Je me souviens aussi que pendant que le papier brûlait, il y a eu un coup de vent : le texte à moitié brûlé s'est envolé et a atterri dans le lac. À part cela, je ne vois rien d'autre, je suis rentré tranquillement chez moi et… c'est tout.

Marie et Elena se regardèrent, incrédules. Elles avaient eu aussitôt la même réaction : comment Laurent avait-il pu ne pas comprendre ? L'acte symbolique n'avait pas été correctement exécuté ! Non seulement Laurent avait réalisé cet acte de manière « vide », sans intention réelle de transformation, mais en plus, le papier n'avait pas entièrement brûlé ! Une partie du texte s'était consumée, libérant le père, mais une autre avait résisté et s'était déplacée vers le fils. L'énergie liquide avait utilisé son propre élément pour ne pas être modifiée : le problème lié aux liquides avait utilisé l'eau du lac pour éviter sa métamorphose.

– En négligeant l'acte symbolique, vous n'avez libéré qu'une partie du blocage énergétique : la vôtre.

– Bien entendu : c'est de ma faute !

– Laurent, ce geste n'est pas magique, il faut y mettre un engagement personnel, avoir la « foi » que par votre intention vous pouvez changer ce qui est en place. Ce que je veux dire, c'est qu'il est nécessaire d'être juste dans l'action. Il est important d'être présent à l'instant, conscient de ce que nous faisons, sans être attiré par d'autres pensées. Par exemple, lors de l'accomplissement du rituel, vous n'aviez peut-être qu'une seule idée en tête : ce que vous feriez en rentrant... C'est classique : la majorité des gens font autre chose que ce qu'ils devraient faire...

Elle suggéra à Laurent de retourner faire cet acte symbolique, mais cette fois-ci en compagnie de son fils, et dans la conscience de sa capacité à transformer ce qui doit l'être. À eux deux, ils arriveraient à bout de cette résistance et libéreraient définitivement Sam du poids des énergies que lui avaient légué ses ancêtres.

Elena fut soulagée qu'ils aient enfin découvert ce qui perturbait l'harmonisation de cette famille. D'expérience, elle savait que tout ce qui arrivait, qu'on le qualifie de bien ou de mal, était indispensable à l'évolution des hommes. Elle savait que dans la vie, tout avait un sens, même si nous ne le comprenions pas dans l'immédiat.

18.

Après le départ d'Elena, la tension de Laurent était visible. Lui qui était d'ordinaire si maître de lui-même faisait des efforts pour se contrôler. Il faisait les cent pas devant le canapé où Marie était assise. S'il était hors de lui, c'était à cause de cette soi-disant thérapeute qui avait retourné la situation et l'accusait ouvertement d'être responsable de l'accident de son fils. Il se sentait seul, accablé par les accusations de cette femme. Seul et furieux.

Son corps était tendu à l'extrême, raidi par la colère. Son visage exprimait la défiance. Il songeait à son épouse qui approuvait une fois de plus les réflexions d'Elena comme paroles d'évangile. Laurent se sentait pris au piège, acculé par les regards remplis de jugement de ces deux femmes. Bien entendu, ce serait lui l'unique responsable de la noyade de Sam ! Parce qu'il aurait mal accompli le rituel ! Comme si un simple bout de papier à moitié brûlé pouvait entraîner la mort de quelqu'un ! Et d'abord, qu'est-ce qu'elles connaissaient à la mort ? Et au meurtre ? Qui mieux que lui connaissait l'horreur d'un meurtre ?

L'enfant bougea un peu puis ouvrit lentement les yeux. Marie déplaça doucement son corps engourdi et voulut parler, mais l'expression du visage de Laurent l'arrêta net. Son visage crispé exprimait la défiance. Entre ses sourcils, deux plis menaçants s'étaient creusés, tout le visage en paraissait altéré.

Soudain, sa colère explosa.

– Mais bon sang, pour qui elle se prend ? Je n'étais même pas là !

Son sentiment de révolte le faisait trembler. Le regard méchant, il dévisageait sa femme et son fils. Leur posture recroquevillée ne faisait qu'attiser son courroux.

– J'ai un boulot monstre, je travaille incroyablement dur, et voilà ma récompense ? À peine ai-je la tête hors de l'eau que vlan : un nouveau coup pour m'enfoncer ! Faut-il que j'apprenne l'apnée ou que je m'achète une tenue complète de plongeur pour vivre parmi vous ?

Marie était confuse. Elle ne le reconnaissait plus : dans son regard ne luisaient plus ni amour ni respect. Son emportement était incompréhensible. Contrairement à lui, la venue d'Elena lui avait amené un grand réconfort et elle sentait que l'explication du drame, bien que curieuse, était juste. Le décalage entre son soulagement à elle et la violente colère de Laurent la dépassait complètement.

L'enfant se leva discrètement et se figea près de la porte : fallait-il rester et regarder l'étrange scène ou monter dans sa chambre et fuir l'orage ?

– Elle croit quoi ? Que j'ai voulu tuer mon fils ? martela Laurent avec force.

Sa voix tremblait d'indignation. Une voix tranchante, presque un cri. Il ne questionnait plus, il accusait :

– Elle croit que parce que Sam ne me parle pas, je veux me débarrasser de lui ? Et elle se prétend thérapeute !

La révolte emportait tout sur son passage.

Marie tenta de l'interrompre, mais il ne l'écoutait pas. Son discours incohérent et vociférant dominait ses tentatives de le raisonner.

– Et toi tu la laisses dire !

Il ne supportait plus que sa femme accepte tout ce qui venait d'Elena sans chercher à mettre en doute ou à savoir si c'était la vérité ; comme un disciple face à son gourou, elle lui accordait aveuglément tout pouvoir. Pour avancer, n'était-il pas nécessaire de comprendre les choses par soi-même ?

Au dehors, une brise légère s'était levée. La nuit noire s'installait.

– Laurent, si tu as un problème, tu pourrais en parler à un autre thérapeute, ou me dire ce qui te tracasse, ou alors confie-toi au moins à Dieu !

– Tu plaisantes ? Prier Dieu ? Tu ne voudrais quand même pas que je me confesse à l'homme invisible ? Mais autant me confesser à Ip dans ce cas-là !

Sur le pas de la porte, Sam observait avec effroi la scène qui se déroulait sous ses yeux. L'homme semblait ressentir du plaisir à blesser sa femme. Il ne la supportait plus, sa douceur, son envie de comprendre et même son amour envers lui l'écœuraient.

– Pourquoi tu me regardes comme ça ? C'est moi l'assassin ? C'est ce que tu penses ?

Il n'entendait plus rien, sa femme et son fils avaient disparu de son champ de vision. Le monde qui l'entourait ne l'atteignait plus. Laurent ne tentait même pas de justifier sa rage, il hurlait. La Terre entière devait entendre sa colère et sa souffrance. Marie ne comprenait plus rien. Blessée, elle tentait en vain de retenir ses larmes.

– C'est ça, pleure ! Après, tu pourras dire à tout le monde que je suis un salopard. Avec toi, chaque obstacle se transforme en mur des lamentations ! Mais cette fois-ci, c'est moi la victime, pas toi !

La douleur de Laurent était une plaie à vif. Ses paroles dépassaient le supportable. S'il ne s'arrêtait pas immédiatement, sa haine érigerait un mur entre eux qu'il ne pourrait plus jamais franchir. Laurent était au-delà de la moquerie, au-delà de l'ironie. Il ne cherchait pas à formuler la raison de sa colère, il devait seulement la déverser. Ses paroles offensantes désarçonnaient totalement Marie.

– Tu es contente ? Tu t'es trouvé une alliée qui va t'aider à me ruiner !

Il hurla ces derniers mots à sa femme, avec une telle colère qu'elle eut peur qu'il lui saute à la gorge. Étouffée par la violence de ses propos et l'injustice de ses accusations, Marie resta muette, la pensée paralysée par le choc et la peur. Elle ne voyait plus devant elle qu'un homme qui gesticulait en hurlant.

Que se passait-il ?

– Laurent, s'il te plaît…

– Tais-toi ! coupa-t-il sèchement, les yeux noirs.

Marie blêmit. Chacune de ses tentatives pour l'apaiser provoquait la réaction inverse : il l'attaquait de plus belle.

Sam observait son père. Tout le long de la dispute, il ne le quittait pas des yeux : il voulait soutenir ce regard sans ciller, jusqu'aux larmes. La fixité de son regard trahissait son désarroi : il était à la fois apeuré et fasciné. L'enfant cherchait en lui une explication à cette colère. Mais il n'en trouvait pas. S'il ne comprenait pas le sens des accusations, il ressentait néanmoins le tumulte des émotions de son père. Peu à peu, sa fascination se transforma en certitude : c'était à lui et à lui seul que la rage paternelle s'adressait. L'origine de sa haine devait être le moment tellement intense et magnifique de sa « presque » mort.

Cette pensée troublante le fit intérieurement vaciller. Devait-il se sentir coupable d'être presque mort ?

Il chercha sa mère des yeux, espérant qu'elle interviendrait, mais ne trouva chez elle ni soutien, ni guidance. Elle se dérobait à son regard. L'impossibilité de s'approcher d'elle, de lui poser des questions, l'isolait. Impuissant, la gorge serrée, il resta immobile.

– Maman, tu te rappelles le mime qu'on avait vu dans la rue ? On dirait papa…

Pensant que son fils voulait faire diversion, Marie acquiesça :

– Tu as raison, il lui ressemblait, il avait la même coupe de cheveux.

– Non, non. Pas à cause des cheveux.

Ce que Sam voulait lui dire était que le mime dégageait le même état intérieur. Des murs invisibles se refermaient lentement mais inévitablement sur son père, l'étouffaient de plus en plus. Or, ces murs mouvants et angoissants n'existaient que grâce à l'effet de son imagination. Comme le mime, il créait lui-même son emprisonnement.

Laurent planta son regard dans celui de son fils :

– Toi, le môme : disparais !

La protection et la tendresse avaient subitement disparu. L'amour s'était retiré de son univers.

Pétrifié, Sam resta immobile. Loin de s'atténuer, l'émotion de son père devenait de seconde en seconde plus violente, proportionnellement à l'inertie de Sam. Marie, paralysée, était incapable de défendre son enfant.

– Fiche le camp, j't'ai dit !

À ces mots, Sam se ressaisit et courut se réfugier dans sa chambre. Il claqua la porte derrière lui et s'assit sur le tapis.

À l'écart de l'esclandre, il se mit à jouer à la Guerre des Étoiles avec ses Lego. La terrible voix de son père traversait les murs, mais le simple fait de ne plus assister à la dispute lui permit d'imaginer qu'elle n'existait pas. D'expérience, il savait qu'en se concentrant sur ses jeux, les pensées qui roulaient dans sa tête, les cris de son père et les pleurs de sa mère se tairaient. Jouer le rendait aveugle et sourd.

Cet isolement n'excluait pas Sam, il le délivrait de sa peur.

Le plaisir, auparavant absent de son monde, s'invita à nouveau dans son univers.

Dehors, le ciel était noir. Au loin, les criquets chantaient. Dans la pénombre luisait l'autel que Sam avait créé dans un recoin de sa chambre : sur une statue de Bouddha que sa mère lui avait offerte pour ses quatre ans, il avait suspendu de nombreux objets minuscules pour le décorer et l'honorer. Parsemés autour de la statue, des cailloux précieux trouvés lors de promenades et des diamants en plastique, soulignaient le caractère sacré du trésor.

Assis, le dos calé contre la commode, l'enfant leva le visage vers la lune qui brillait à travers la fenêtre aux volets ouverts. Une lune belle et ronde qui illuminait faiblement l'obscurité de la pièce.

– Habitants d'Ariom, répondez-moi ! Vous m'entendez, planète Ariom ? Où êtes-vous, les immortels ?

Un vaisseau spatial dans chaque main, l'enfant mimait une guerre intergalactique où les habitants d'Ariom cherchaient désespérément de l'aide pour résister aux envahisseurs. La pièce se transforma, s'agrandit, les murs disparurent, le plancher se désintégra : il était maintenant au milieu de l'univers. L'agitation de ses parents n'existait plus. Seuls les vaisseaux spatiaux, quelques planètes et météorites occupaient l'infini. Il se retrouva bientôt au centre du cosmos.

En pleine guerre interstellaire, la voix exaspérée de son père retentit subitement, effaçant comme par magie son univers. Le lit, les jouets, la commode réapparurent instantanément. Le monde des mortels, comme aimait à dire le petit garçon, dominait à nouveau l'espace de sa chambre. *Est-ce que c'est moi qui crée le monde ?* s'interrogea Sam. *Quand mes yeux sont ouverts, je vois le tapis.*

Quand je les ferme... je ne le vois plus ! Il n'existe plus !

– Ip, je m'ennuie... Pourquoi t'es pas là ? J'ai faim ! Viens jouer, je veux pas être seul...

Le silence lui répondit. L'ami fidèle était absent. Comme chaque nuit.

Le petit garçon soupira. Il s'allongea sur le sol. Dans l'obscurité du ciel, ses yeux se posèrent sur la lune. Il la fixa intensément, sans cligner des paupières, jusqu'à ce que des arcs-en-ciel se forment autour de l'astre. Immobile, il ne voyait plus que la lune ronde, remplie de lumière. La voix de son père s'estompa lentement. Son corps se relâcha, sa respiration ralentit. Des larmes affluèrent, mais il résista à l'envie de cligner des yeux. Une nappe de brouillard semblait les recouvrir.

Au bout de quelques secondes, la lune lui sembla se dilater en un astre gigantesque, puis devint un point minuscule dans le ciel, elle se mit à palpiter, tel le cœur de l'univers.

Sam se perdit dans le jeu des couleurs et des lumières jusqu'à sentir disparaître la séparation entre lui et le ciel.

Tous ses repères spatiaux disparurent subitement. *Quelle est ma place dans ce monde ? Suis-je là-haut à regarder la lune au sol, ou suis-je en bas à l'observer là-haut dans le ciel étoilé ?*

Les couleurs se transformèrent et, peu à peu, s'inversèrent : l'éclat de la lune devint sombre et une couleur or embrasa le ciel immense. Le temps semblait suspendu.

Le spectacle était magnifique.

Ses pensées filèrent vers son ami invisible :

– C'est là que tu retourneras quand tu me quitteras ? lui demanda Sam dans le silence de la nuit. Tu me feras un signe quand tu seras parti ?

Comme une réponse à sa prière, le petit garçon ressentit une puissante énergie l'absorber. Son corps s'alourdit ; il se sentit complètement imprégné par cette vibration qui s'engouffrait dans son être comme une vague de fraîcheur. Son visage arbora une expression d'infini ravissement.

– Merci de veiller sur moi, murmura-t-il.

L'enfant continuait à contempler la lune sans ciller ; il n'en ressentait plus le besoin, c'était comme si des yeux s'étaient ouverts à l'intérieur de lui et l'observaient à sa place. L'or brillant de la voûte céleste illuminait le petit garçon, qui semblait avoir revêtu un vêtement de lumière. C'était comme regarder un rayon de soleil scintiller sur l'eau : la lumière étincelante éclairait tout autour d'elle. Sam sentit son corps grandir et disparaître. Il lui sembla retrouver à nouveau Dieu en lui, comme lorsqu'il avait manqué de se noyer.

Soudain, la lune émergea à l'intérieur de l'enfant ; elle se trouvait à la fois en lui, et dans l'immensité du ciel. Il était à la fois le cosmos et lui-même. La sensation était indescriptible.

L'enfant éprouvait un bonheur nouveau, apaisant. Il ferma les yeux. L'âme légère, il s'assoupit sur le tapis.

Marie profita du départ de Sam pour reprendre ses esprits. Bien qu'incapable de réfléchir dans un tel stress, son instinct reprenait le dessus. *Laurent m'accuse, mais de quoi ? Rien ne justifie son emportement.* Elle repensa à la thérapeute qui lui avait parlé d'un mécanisme de défense bien connu, celui des projections. Elena lui avait expliqué qu'il ne servait à rien de travailler sur ce qui était extérieur à soi, car l'extérieur n'était qu'une projection de notre intérieur. *Et si Laurent projetait sur moi sa propre culpabilité ?*

Cette réflexion l'aida à reprendre confiance. Et sa rage destructrice ? Était-elle justifiée ou le signe d'un profond manque de confiance en soi ?

Son corps se détendit d'un coup. Elle leva les yeux vers lui et, doucement, lui dit dans un calme apparent :

– Qu'as-tu fait… Qu'as-tu fait, Laurent, pour te détester autant ?

Les paroles de sa femme eurent un effet redoutable sur Laurent, qui s'emporta de plus belle.

– C'est ça, joue à la psy maintenant ! Tu te crois forte, hein ? Tu es incapable d'élever correctement ton fils et tu veux me donner des leçons de psychologie !

Étrangement, cette nouvelle attaque ne la blessa pas. Marie sentait qu'elle était dans le juste. Son mari luttait comme un forcené contre une puissance intérieure qui semblait vouloir le détruire ; par peur, il s'en prenait à elle. Il pouvait se permettre de déverser sur elle sa rage la plus violente, parce qu'il savait que son amour pour lui ne s'éteindrait jamais.

Cette nouvelle prise de conscience surprit Marie. En pleine tempête, elle était capable de réfléchir sans se laisser submerger par l'émotion. Elle observait la scène sans être détruite.

Laurent ne décolérait pas. Or à présent, cet emportement ne trompait plus Marie, elle comprenait qu'il cherchait seulement à surmonter sa culpabilité.

Mais sa culpabilité vis-à-vis de quoi ?

– Que t'arrive-t-il, Laurent ?

Elle répéta ces mots, avec autant de peur que de fureur :

– Que t'arrive-t-il ? Je ne t'avais jamais vu aussi mal !

Laurent sentait bien que son emportement diminuait en intensité, mais la rage qui l'habitait depuis tant d'années ne cessait pas pour autant de le ronger intérieurement. Il aurait voulu cracher son venin, empoisonner ceux qui l'entouraient. Les noyer, pourquoi pas ?

Malgré sa rage, la voix de Marie résonnait en lui ; plus que ses mots, c'était surtout son ton qui l'apaisait. Mais comment parvenir à retrouver le calme quand tant de violence se déchaînait en lui ?

– Laurent, s'il te plaît, parle-moi. Que se passe-t-il ? Que t'arrive-t-il ? lui demanda-t-elle avec assurance.

Elle sentait qu'en n'endossant plus le rôle de victime, elle aidait enfin son mari. En ne lui donnant plus l'image de la femme apitoyée sur son sort et soumise, il ne parvenait plus à l'accuser. Plus rien n'alimentait sa rage. La projection se retournait contre lui. C'était lui le faible, qui s'énervait et l'accusait de peur de reconnaître sa propre fragilité. Il était forcé d'être authentique. Il ne pouvait plus affirmer que seules Elena et Marie provoquaient cette violence inouïe en lui.

Troublé, il se demanda soudain ce qui lui prenait de s'emporter de la sorte. Pouvait-il continuer à se mentir à lui-même ? Dans une dernière tentative de la blesser, il porta malgré lui le coup fatal :

– J'en ai assez. Je te quitte. Je te laisse Sam, je suis sûr que vous serez contents d'être enfin débarrassés de moi.

Les mots prononcés dépassaient complètement sa pensée. La panique le saisit. Jamais Laurent n'avait voulu en arriver à cette extrémité, jamais il n'avait véritablement voulu quitter sa femme, et encore moins son fils qu'il adorait. Il se sentait misérable, terrifié par ce qu'il venait de déclencher. Marie en profiterait-elle pour le quitter ?

Son dégoût de lui-même le secouait jusqu'à la nausée, pourtant un bien-être insupportable s'empara de lui : il mesurait soudain qu'il avait toujours eu peur que son épouse ne vienne à découvrir le monstre qu'il était réellement.

Exaspérée par ce qu'elle venait d'entendre, Marie riposta avec véhémence :

– Ça suffit maintenant, Laurent. Tu t'assieds et tu te calmes !

Son ton les surprit tous les deux. Rarement Marie avait haussé pareillement la voix ! Laurent reçut cet ordre en plein cœur. Il se raidit, resta un instant silencieux, interdit. Il ne savait plus s'il devait partir ou obéir.

La présence affirmée de Marie, lui fit l'effet d'une décharge intérieure. Il eut subitement honte. Honte de son emportement, de s'en prendre à elle alors qu'il commençait à comprendre que sa fureur était en réalité dirigée contre lui-même. Il voulut parler, mais sa voix se cassa. Si Elena, grâce à la clairvoyance, lisait en autrui comme dans un livre ouvert, Marie à présent lisait clairement dans son jeu.

Tout à coup, quelque chose se dénoua au plus profond de lui. Il était totalement perdu : pour la première fois, il sentit que sa femme l'aimait. Pour la première fois, il découvrit qu'il était « aimable ».

Se sentir aimé fit naître en lui l'espoir qu'une solution à son mal-être existait.

Il ne pouvait plus parler, sa colère s'était complètement évanouie. Il se tenait debout devant sa femme, tel un petit garçon pris en faute. Vidé. La tension de son corps lâcha d'un coup. Ses forces l'abandonnèrent.

Il s'effondra sur le sofa et laissa l'angoisse le submerger.

19.

Désarmée, incapable de s'approcher de lui, Marie observait avec compassion cet homme qu'elle aimait, qu'elle avait épousé, qui lui avait donné cet étonnant enfant.

Le chagrin de son époux la dérouta et la bouleversa complètement. Elle l'avait toujours cru si fort... Elle aurait voulu prendre en elle sa souffrance, le décharger de sa peine, mais elle sentait instinctivement qu'elle devait le laisser s'effondrer jusqu'au bout, vivre pleinement ses blessures. Pour pouvoir un jour panser ses plaies, il devait supporter de les expérimenter à vif. En conscience, et non dans la résistance.

Marie était soulagée de sentir sa maîtrise de lui-même vaciller.

Elle respira profondément : il réussirait peut-être enfin à aborder l'événement qui avait conditionné sa vie d'adulte. Il pourrait partager la vraie cause de ses tourments et cesser de les dissimuler.

L'instinct lui commanda de se taire.

Plus un bruit, pas même un souffle d'air dans le salon. Le silence, partout. Laurent n'en pouvait plus, il étouffait. Il s'étranglait avec son secret, avec la solitude qu'il impliquait. Il crevait de ne pas avouer son crime. Il était à bout, effondré par son vécu, brisé par des années de contrôle. Des années à rire au lieu de hurler. Des années à faire semblant, à faire comme si.

Mais l'idée d'avouer ce qui le rongeait créait au plus profond de lui une peur sans nom. Celle de faire enfin face à ce qui s'était passé cet après-midi là.

À la simple pensée de dire tout haut son secret, un abîme s'ouvrit à ses pieds. Il était debout, devant un gouffre et s'apprêtait à s'élancer, seul. Le vertige le saisit, la nausée monta en lui. Il retrouva dans sa bouche le goût de la mort.

La douleur du drame était toujours là, inchangée malgré le temps écoulé.

La réalité lui apparaissait dans toute son horreur. Ce qu'il redoutait le plus était de voir l'épouvante dans les yeux de sa femme. En passant aux aveux, il la perdrait définitivement.

Parler signifiait renoncer à son mariage et à son fils. Renoncer à l'amour qu'ils avaient eu pour lui, quand ils ignoraient qui il était vraiment.

Mais ne pas parler le tuerait aussi sûrement.

Avouer, se taire : il n'y avait pas d'issue.

Laurent se ressaisit. Sa décision était prise. Il allait tout avouer. Mais comment exprimer l'inexprimable ?

L'amour inconditionnel de sa femme pour lui détruisit les derniers bastions de sa résistance intérieure et balaya d'un coup ses déchirements et ses doutes. Laurent ne pouvait plus se taire, il ne pouvait plus éviter la vérité.

Il devait tout raconter. Se livrer, se délivrer.

Il devait apprendre à faire confiance ; sa seule manière d'y parvenir était de se jeter dans le vide. Et de prier pour qu'on le rattrape.

Refoulant la peur qui lui serrait les entrailles, il prit une profonde respiration et fixa son épouse droit dans les yeux. Dans son esprit surgit subitement la vision de son fils noyé dans l'eau du bain ; cette image suscita en lui une vision plus pénible encore qu'il tenta de refouler en vain. Il venait de prendre sa décision. De sa voix chargée de regret jaillit la vérité qu'il n'avait jamais osé confesser :

– Quand j'avais douze ans, j'ai tué mon frère.

Anéanti, il observa sa femme de biais et laissa cette phrase se répercuter dans l'immobilité de l'instant. Le visage de Marie n'exprimait rien, comme suspendu dans l'attente.

Laurent répéta sa phrase, pesant chaque mot :

– J'ai tué mon frère.

En lui, l'image de son frère décédé surgit de très loin, du temps où il était heureux et insouciant. De son âme montait une peur, lente, envahissante, la peur du dégoût que Marie ne manquerait pas d'éprouver.

La confession de Laurent resta suspendue entre eux. Marie était touchée au cœur par cet aveu inattendu. Elle ne ressentait plus rien, n'entendait plus rien. Elle ne pensait plus.

Laurent attendait sa sentence. Qu'elle s'autorise à aller jusqu'au bout de son mépris, pour qu'il puisse enfin vivre le rejet qu'il s'attendait à recevoir depuis tant d'années. Il désirait profondément qu'une personne soit assez forte pour détruire le mal qu'il incarnait.

Marie planta ses yeux dans ceux de son mari. Le silence perdurait. Laurent songea qu'il devait être proportionnel à la répugnance qu'il lui inspirait. En réalité, elle était soulagée. Dans le silence, Laurent n'entendait pas les prières de Marie : *Merci ! Merci de ce cadeau extraordinaire*, songeait-elle. *Merci ! Merci mon Dieu !* De toute son âme, elle ressentait une immense gratitude envers Dieu, le Ciel, l'Univers de permettre à son mari de se libérer de l'emprise de son secret. Elle n'éprouvait aucune peur, aucun dégoût envers lui. Il y avait forcément une explication, car elle le connaissait bien, et s'il avait peut-être commis un homicide, il n'était pas un assassin.

Bouleversée, elle l'observait, bien en face, avec le même amour et la même détermination tranquille. Laurent leva les yeux vers elle ; émus ils se regardèrent longuement. Puis elle s'approcha lentement de lui, tendit ses bras et l'étreignit. Aucun d'eux ne voulait plus se dégager de l'étreinte. Aucun d'eux ne voulait parler.

Ils restèrent là, serrés l'un contre l'autre. Longtemps.

Laurent était si touché que les larmes lui montèrent aux yeux. La gorge nouée, il les laissa couler.

Puis brusquement, il se leva du canapé, lui tourna le dos et sortit précipitamment, en claquant la porte derrière lui. Il descendit l'escalier quatre à quatre, vers la salle de bains. Il s'agenouilla au-dessus de la cuvette des toilettes et vomit.

Dans le silence, Marie prit une profonde respiration et murmura avec une tendresse infinie pour son époux :

– Merci, Laurent.

20.

J'ai tué mon frère. La phrase résonna tel un écho dans le silence du salon. Marie était encore abasourdie par cette affirmation. Elle était très pâle. Le choc passé, elle ferma les yeux.

Elle se souvenait de la seule photo qu'elle avait vue de Charles à ses quatorze ou quinze ans, prise peu de temps avant sa mort. Le rappel discret de cette jeune vie l'avait surprise lorsqu'elle était tombée sur la photo, environ deux ans plus tôt. Elle était posée sur le rebord de la cheminée de la maison familiale, noyée entre les bibelots comme pour mieux la cacher. Pourquoi ses parents n'avaient-ils pas mis plus en évidence ce souvenir de leur fils aîné ? La pudeur, sans doute, avait-elle imaginé. Aujourd'hui, cette hypothèse s'effondrait. Qu'avait fait Laurent ? Un enfant était incapable de tuer volontairement un être humain, elle en était persuadée. Mais alors, que s'était-il passé ce jour-là ?

Tout à coup, elle sentit une présence auprès d'elle. Elle ouvrit les yeux. Laurent se tenait devant elle. Il semblait anéanti. Hésitant et gauche, il ne savait pas s'il devait quitter la maison à tout jamais ou s'installer près d'elle et raconter le cauchemar qu'il avait vécu vingt ans plus tôt.

– J'ai le sentiment depuis des années d'être un tas d'ordure…

L'émotion l'étreignait. Sa tension était visible, sa fatigue aussi. Laurent, d'ordinaire si contrôlé, semblait devoir faire un effort pour se composer, se concentrer.

– Je vais faire mon sac. Je ne vous dérangerai plus. Le sujet est clos. Je te téléphonerai quand j'aurai trouvé un logement, je pourrai vous rendre visite de temps en temps, si tu es d'accord…

– De quoi parles-tu ? Comment ça, le sujet est clos ? répéta-t-elle.

L'aveu de Laurent venait d'ouvrir une brèche dans son intimité, il était hors de question qu'elle laisse passer ce drame sous silence ! Si les membres de sa famille avaient gardé le secret, elle ne ferait pas comme eux. Un flot de questions s'engouffra brusquement dans son esprit, si puissant qu'il lui aurait été impossible de le nier ou de l'évacuer en le laissant simplement s'en aller.

– Cette tragédie te dévore, Laurent. Depuis des années, tu es enfermé par tes peurs. Tu te laisses diriger par ta culpabilité et ta colère. Tu es gouverné par ce drame et tu nous le fais subir. Ça suffit ! Cesse de gâcher ta vie comme si elle n'avait aucune valeur, comme si toi tu ne valais rien !

La fermeté du ton de sa voix surprit Marie, mais le seul fait d'imaginer son époux partir de chez eux, fuir une fois de plus, déclenchait chez elle une profonde colère. Laurent, immobile, semblait accueillir le blâme presque avec soulagement. Elle poursuivit :

– Ce traumatisme te détruit, et aussi longtemps que tu auras cette plaie secrète, tu ne seras pas libre, pas heureux. Arrête de fuir, force-toi pour une fois à faire face ! Les séances de thérapie que Sam et moi avons suivies – que ce soit avec Elena ou avec les psychologues – m'ont toutes appris la même chose : il faut mettre en mots ses blessures pour les dépasser. Le jour où nos souffrances sont pansées et « pensées », rien ne peut plus nous écraser ; c'est à ce moment que le bonheur s'installe en nous.

Elle contempla Laurent avec amour et détermination. Elle l'aimait, malgré son côté impénétrable. Elle lui prit le poignet, l'avança vers son visage et caressa sa joue avec la main de son époux ; une main douce, une main forte d'homme.

– Depuis que je te connais, tu nages à contre-courant contre toi-même. Dépasse tes peurs et raconte-moi ce qui s'est passé ce jour-là. Tu en ressortiras plus libre et notre couple gagnera en profondeur et en amour. Sinon… Sinon, le remords ne te quittera pas et te torturera jusqu'à ta mort.

Comment expliquer à Laurent qu'en ne partageant pas sa souffrance, il s'enfermait de plus en plus vers le déni de soi ? Qu'en taisant son angoisse, il se maintenait dans un comportement destructeur ?

Hésitante, elle murmura :

– Fais-moi confiance, Laurent. Il est normal de vouloir te taire, conserver tes habitudes – même si elles sont mauvaises –, mais prends le risque de me dire ce qui te hante.

Un tourbillon s'engouffra dans la tête de Laurent. *C'est en s'abandonnant que l'on s'approche du bonheur*, lui avait dit Elena. *C'est en nous délestant de nos croyances, en comprenant que le vide devant soi n'est pas réel, que l'on peut rassembler suffisamment de courage et plonger vers l'inconnu.* Elle avait ajouté que ce n'était que lorsque nous nous élancions dans le vide que nous nous rendions compte que nos craintes étaient injustifiées, que le vide n'était qu'une illusion qui laissait place à une nouvelle vérité.

Laurent s'assit aux côtés de son épouse, le dos calé au dossier du sofa. La tête renversée, les yeux au plafond. Il se taisait. Il écoutait son âme. Il réfléchissait.

Il se remémora d'autres paroles d'Elena. Elle lui avait expliqué qu'il était responsable de ses émotions et que s'il restait trop attaché à un sentiment de sécurité ou à ses peurs, il lui serait impossible de sauter vers l'inconnu pour évoluer ; c'était un choix de vie qu'il devait faire. La thérapeute lui avait dit de ne compter ni sur elle ni sur les séances pour évoluer vers le bien-être, mais sur lui-même. Il était le seul à pouvoir agir et s'élancer dans le vide apparent avec l'intime conviction que cette nouvelle dimension lui offrirait la paix.

Il inspira profondément, repoussant encore l'instant où les images deviendraient trop insistantes, envahissantes. Il redoutait que son esprit ne parvienne plus à les nier, ni à les repousser une fois de plus dans l'oubli. Et ce moment viendrait.

Combien d'années le séparaient de ce drame ? Dix-huit ans ? Vingt ans ? Peu importait le temps passé, les moindres détails de ce jour terrible étaient inscrits dans sa mémoire, comme s'il s'était déroulé la veille.

Il revivait la scène sous ses paupières closes. La mer scintillait depuis la plage, le village au loin baignait dans la lumière de fin d'après-midi. L'air était chaud et sec. Il avait ôté ses lunettes de soleil, pensant faire quelques brasses pour se rafraîchir. Le flot doré des rayons faisait cligner ses yeux. Laurent avait douze ans, il était encore un enfant, mais ses souvenirs étaient gravés au fond de lui avec une incroyable clarté.

– C'est comme si c'était hier. J'y pense souvent… Tous les jours, en fait. Je n'oublie pas.

D'une traite, Laurent se mit à raconter à Marie ce qui s'était passé.

Il avait jeté ses lunettes noires sur la serviette de bain et s'était dirigé tranquillement vers l'eau. Certain de gagner, Charles insistait toujours pour qu'ils fassent la course lorsqu'ils se baignaient. Plus fort, plus grand que son frère cadet, il aimait prouver sa domination. Laurent détestait ces provocations incessantes. Il se sentait continuellement rabaissé par ce frère qui, par nature – il avait trois ans de plus que lui – était plus doué physiquement et intellectuellement et dont la confiance en soi ne redoutait rien.

Volontairement, Laurent n'avait pas immédiatement suivi Charles, pour éviter de lui donner l'opportunité de le forcer dans un concours de natation qu'il perdrait forcément. Il avait vu au loin son frère qui nageait dans l'eau azurée. Charles… Un nageur accompli au corps robuste, mais surtout un être qu'il méprisait depuis toujours. Sa colère habituelle s'était muée en haine plus tôt dans la matinée, lorsque Charles s'était aperçu au petit déjeuner que Laurent était amoureux de la fille de l'aubergiste italien chez qui ils logeaient durant les quinze jours de vacances estivales. Fier d'avoir percé son petit frère à jour, Charles l'avait nargué avec toute son arrogance devant la jeune fille. Se vantant d'être plus beau et plus intelligent que lui, Charles s'était mis en tête de la séduire, uniquement pour agacer Laurent, le rabaisser et lui montrer lequel des deux frères était le mâle dominant.

Laurent était entré lentement dans l'eau tiède de la Méditerranée. Cette eau l'apaisait.

Humilié, il avait passé l'après-midi seul et n'avait rejoint la plage que tardivement. De la haine, voilà ce qu'il éprouvait désormais pour lui. Bien qu'il détestât clairement son frère, c'était aussi son propre corps d'enfant préadolescent qu'il ne supportait pas. Malingre, délicat, petit, il ne ressemblait en rien à Charles, ce beau parleur tout en muscles. Pendant des heures, il avait nourri sa haine grâce à des scénarios complexes où il écrasait Charles avec mépris et force. Sa rage prenait des tendances meurtrières.

Tournant dans l'eau, jouant avec les sensations des vaguelettes sur sa peau, Laurent tentait d'éviter de regarder son frère qui nageait jusqu'au rocher situé à trois ou quatre cents mètres de la plage. Mais c'était plus fort que lui, il l'observait discrètement. Au loin, Charles crawlait crânement, battant son propre record imaginaire.

L'eau tiède calmait les tensions de Laurent, les muscles de ses bras roulaient dans les vagues formées par son mouvement. Puis, sans raison, il avait soudain décidé de nager lui aussi vers le rocher et s'était élancé vers le large. Il poussait sur ses jambes effilées et avançait à un bon rythme.

Tout à coup, il avait levé les yeux vers Charles. Il avait l'impression que quelque chose n'était pas normal. Son frère semblait en difficulté. Laurent avait hésité. Son idiot de frangin lui faisait certainement une blague et cherchait à l'amener plus rapidement à lui. Il avait continué de nager tranquillement. Cent cinquante mètres les séparaient encore. Son cœur s'était mis à battre plus vite quand il avait vu que son frère semblait réellement en difficulté. Il gesticulait tant que Laurent pensa qu'il était en train de se noyer. Pris d'un terrible doute, oubliant sa haine, Laurent avait accéléré la cadence.

Cent mètres, quatre-vingts mètres.

– Aide-moi ! Laurent ! Vite !

Laurent avait cru entendre son frère crier.

– J'arrive ! avait-il hurlé en retour, essoufflé.

Il s'était juré en lui-même que si c'était là une de ses plaisanteries, il le noierait dès qu'il en aurait l'occasion ! Poussant plus fort sur ses bras fluets, Laurent s'essoufflait. Était-il naïf de se précipiter de la sorte vers Charles ?

Encore cinquante mètres, quarante. Plus il se rapprochait de son frère, plus il entendait distinctement ses cris. Le jeune garçon commençait à manquer de forces. Quant à Charles, il s'agitait toujours dans l'eau. Laurent se demandait constamment si son frère lui faisait une farce. Fatigué, il avait ralenti. Si c'en était une, il redoutait sa propre réaction. Tout à coup, il avait ressenti une douleur fulgurante sur le haut de la cuisse. Terrifié, il s'était mis à la verticale dans l'eau, avait regardé autour de lui et avait vu une longue méduse s'éloigner placidement. La douleur était si intense qu'il en avait oublié son frère quelques instants. Il avait levé le nez pour estimer la distance qui l'éloignait du rocher : il pourrait s'y accrocher, et même y grimper pour observer la brûlure à sa jambe. C'est alors qu'il avait entendu Charles hurler désespérément le prénom de son frère. Puis les cris apeurés s'étaient transformés en cris de douleur. Impossible de croire que c'était de la comédie. Pourquoi ne grimpait-il pas simplement sur le rocher ?

Soudain, Charles disparut un instant sous l'eau. L'angoisse étreignit Laurent qui se remit à nager de plus belle. Mais épuisé par la nage irrégulière et la brûlure qui l'empêchait d'utiliser correctement sa jambe, il peinait à le rejoindre. Plus que dix mètres. Charles ne nageait plus, il fixait son frère. Le visage figé par la peur. La mort était dans ses yeux. Laurent avait voulu aller plus vite, mais dans sa tête et dans son corps, tout se bousculait. Tout l'empêchait de se hâter : la fatigue, la douleur, mais aussi la rage.

À dix mètres de Charles, Laurent renonça brusquement à nager vers lui. La douleur lancinante dans sa jambe était trop insupportable. Il se sentait sans force. Il se dit qu'il n'arriverait pas à le sauver.

Qu'il serait de toute manière trop faible pour le tirer sur le rocher. Il était épuisé et incapable de fournir encore le moindre effort.

Conscient de sa décision, Laurent demeura immobile dans l'eau et regarda Charles sombrer.

Plus d'une heure s'écoula avant que l'on vienne chercher Laurent à l'aide d'un petit canot à moteur. Assis sur le rocher, transi de froid, il était en état de choc.

Dans la soirée, le corps de Charles fut repêché par des marins. Il s'était retrouvé piégé au milieu d'un nid de méduses : brûlé sur tout le corps, il avait succombé à la violence de la douleur qui lui avait fait perdre connaissance et l'avait noyé.

Dans un italien mêlé de quelques mots en français, chacun essaya de réconforter le frère survivant. Des paroles qu'il n'entendait pas. Son esprit était vide. Seule la sensation de froid ne le quittait pas. Un froid intérieur, glacial, que ni la chaleur de la douce nuit estivale ni les couvertures ne pouvaient réchauffer. Ses dents claquaient, son corps tremblait.

« Tu aurais pu mourir avec lui ! », « C'est le destin, on n'y peut rien… », les phrases bienveillantes se mêlaient aux pleurs de sa mère et de son père.

Près de vingt ans plus tard, Laurent entendait

encore les lamentations déchirantes de sa mère qui pleurait la mort de son enfant.

Et qu'avait-il fait ? Rien : ni consolé sa mère, ni hurlé sa peur, ni avoué son crime. Il était resté là, blême, le regard fou : il les avait laissé dire. Puis, d'après ce qu'on lui avait raconté, il était resté trois jours et trois nuits en proie à la fièvre et aux hallucinations. « Un effet du choc émotionnel », avait avancé le médecin italien. En son for intérieur, il savait qu'il n'en était rien : l'atroce sentiment de culpabilité d'avoir trahi sa famille et tué Charles l'avait entraîné dans le délire et conduit vers les portes de l'enfer. En sortant de sa torpeur, il n'avait plus connu ni joie, ni paix.

Une seule seconde avait suffi, une décision prise entre l'épuisement et la haine et son frère avait disparu à tout jamais. On voulait le consoler ? Mais qui se rendait compte de l'horrible vérité ? Tous ces adultes ne saisissaient donc pas qu'il l'avait laissé mourir ? Personne ne comprenait qu'il l'avait sciemment abandonné à son sort. Mais Laurent, lui, savait. Le résultat était bien là : il avait laissé mourir son frère. Tant de fois, il avait eu envie que son frère crève, c'était finalement arrivé. Charles gisait à présent au fond d'une fosse.

Bien sûr, il n'était qu'un enfant. Bien sûr, s'il avait tenté de sauver son frère, il serait mort avec lui. Bien sûr. Il aurait pu le croire… Mais ce n'était pas la vérité. Laurent voulait que Charles meure.

Cette conscience était imprimée profondément en lui. Cependant, s'il avait su le prix à payer, il n'aurait jamais fait ce choix : sans hésiter, il aurait nagé jusqu'à Charles et serait mort à ses côtés.

Aujourd'hui, s'il lui arrivait de s'adresser à son frère en son for intérieur, c'était pour se faire pardonner son crime. Pour demander l'absolution. Il priait Charles de le gracier.

Ce qu'il n'avait pas compris, c'était qu'il était coupable uniquement à ses propres yeux. Charles, où qu'il soit, ainsi que tout son entourage, avait compris ce que sa culpabilité lui cachait : il était innocent.

Le soulagement attendu pendant des années n'était jamais venu. Seule la culpabilité demeurait et s'amplifiait ; tel un poison, elle se répandait en lui et le détruisait. Tout comme la peur. La peur que son frère se venge. La peur aussi que les autres comprennent qu'il avait délibérément choisi de ne pas le sauver.

Depuis ce fameux jour, la peur que l'on découvre son véritable visage avait commencé à le dévorer de l'intérieur. Et ne l'avait plus quitté.

Le silence accueillit les derniers mots de Laurent. Les pénibles images de cet après-midi en Italie défilaient encore devant ses yeux... Désormais il se tairait, il ne souhaitait pas se justifier. Il ne désirait pas non plus raconter les violences intérieures, les contraintes subies pour garder sa culpabilité enfouie en lui, les efforts fournis pour taire ses angoisses. Il ne voulait pas non plus songer au regard triste et obsédant de sa mère. Le manque de reproches de ses parents était presque plus insupportable à gérer en lui que sa propre culpabilité. Dès qu'il avait pu, il les avait fuis.

Laurent songeait souvent à son frère ; fugacement, mais régulièrement. Et à chaque fois, il éprouvait une angoisse tenace. Il n'osait pas avouer non plus qu'il se rappelait mal ce frère qu'il avait tué. Seule la colère contre lui restait et sa culpabilité résistait au temps.

Parfois il invectivait intérieurement Charles et tentait de justifier sa conduite. Il accusait son frère d'être l'unique responsable : après tout, c'était lui qui, à force de le pousser à bout, l'avait amené à le haïr et à l'abandonner à son funeste sort.

Un léger bruit se fit entendre dans l'escalier. Il était plus de deux heures du matin. Marie et Laurent tournèrent ensemble la tête vers Sam qui descendait lentement les marches. Le petit garçon entra dans le salon, dévisagea son père et pour la première fois de sa vie, lui parla :

– Tu sais papa, toi et moi on grandit doucement.

21.

– Depuis vingt ans, tu portes en toi cette terrible histoire ? Comment peux-tu te croire responsable de la mort de ton frère ? Mon Dieu, Laurent, tu n'étais qu'un enfant blessé, épuisé. Comment aurais-tu pu juger de la gravité de la situation ? Si tu avais été à ses côtés, tu serais sans doute mort avec lui !

Marie était horrifiée et abasourdie. Elle se doutait que la mort de Charles avait marqué son époux, mais qui aurait pu croire à un traumatisme pareil ? *Tout ce temps perdu, gâché par un tourment inutile. Comment a-t-on pu laisser un enfant dans une telle souffrance, dans une telle solitude ?*

– Chéri, poursuivit-elle, le destin a décidé que ton frère devait mourir, tu n'y peux rien. Ce jour-là ta vie a été épargnée, tu te dois d'en faire quelque chose de bien et cesser de t'éteindre ! Combien d'années encore vas-tu vivre dans le remords, alors que tu étais trop jeune pour te reprocher quoi que ce soit. Vas-tu laisser la culpabilité gâcher toute ta vie et la nôtre ?

Laurent ne l'écoutait pas. Elle ne comprenait pas. Il portait seul la responsabilité du décès de son frère aîné Charles. C'était ainsi.

– Au fond, j'aurais aimé être comme Sam, dit-il en regardant son petit garçon somnolant assis sur le tapis à côté du chat. Toi, tu restes fidèle à toi-même. Les gens ne te comprennent pas, tu parles à qui tu veux, tu suis le chemin que tu t'es tracé… Moi, je n'aime pas l'homme que je suis devenu ; je ne suis pas cet homme-là.

Toutes ces années, il s'était obligé à travailler dur et à renoncer au bonheur. Même entendre son fils lui adresser pour la première fois la parole ne lui avait fait aucun effet. Pourquoi essayer d'être heureux puisqu'il ne le serait jamais ? Autant éviter une frustration inutile.

– Voilà l'homme que tu as épousé, Marie ! Alors, que penses-tu de ton « cher » époux ?

À peine avait-il formulé sa question qu'il se demanda : *et moi, qu'est-ce que je pense de moi ?*

– Comment pourrais-je continuer à construire notre famille sur la mort de Charles ? Comment vous rendre heureux après cela ?

Découragé, il regarda Marie.

– Je me suis engagé avec toi et Sam sur une mauvaise base, celle de la lâcheté ; toute mon existence, et aujourd'hui la vôtre par ma faute, est fondée sur l'illusion du bonheur familial. Parfois j'aimerais être comme un serpent… capable de changer de peau.

Étonné par son propos spontané, Laurent comprit qu'un nouveau sentiment de liberté le gagnait, celui de parler sans entrave, sans craindre la réprobation ni le jugement d'autrui. Tout cela n'avait désormais plus aucune importance.

– Laurent, je crois que tu ne comprends pas ce que Sam et moi ressentons pour toi. Peu importe ce que tu as fait ou cru faire : nous t'aimons. Nous t'avons toujours aimé. Parfois, ton attitude nous blesse, mais ton essence, le noyau qui fait que tu es « toi », nous l'avons toujours aimé.

Elle aurait souhaité dire à son mari qu'il devait se libérer de l'emprise de son traumatisme qui l'entravait. Il devait sortir de ce blocage infernal en comprenant que le problème réel n'était pas la mort de Charles, mais les liens inconscients qui l'unissaient à lui. Pour cela, il devait les analyser, les décrypter.

– Chéri, il ne sert à rien de repousser ta souffrance vers Sam, moi ou Charles. Celle-ci se trouve dans ton esprit, pas en dehors de toi. Ce qui est fait est fait, tu ne peux rien changer au passé, ni à la mort de Charles. Rien ne t'oblige à te cramponner à la souffrance !

Elle se rappela une discussion qu'elle avait eue

avec Elena. La thérapeute lui avait expliqué que l'on ne pouvait jamais annuler la cause d'un traumatisme. On pouvait en revanche cesser de s'y agripper ; en partageant sa douleur, en cessant de la fuir, il était possible de changer son rapport à celle-ci. Elena lui avait expliqué qu'elle ne pouvait modifier le passé de Laurent, mais elle pouvait l'aider à vivre et à comprendre ses émotions présentes, actuelles.

Elle reprit avec plus de ferveur encore, le cœur empli d'un amour pur :

– Nous n'avons rien à te pardonner ; c'est à toi de te pardonner.

Il dévisagea sa femme et laissa pénétrer profondément en lui le sens de ses mots.

Il prenait peu à peu conscience qu'il était responsable de ses émotions liées au décès de Charles. En se focalisant uniquement sur ce drame, il avait oublié de vivre, d'aimer. Et il ne voulait plus être l'esclave de son vécu. En y réfléchissant, il comprenait que malgré lui, il avait réduit son existence et qu'il se sentait mal non pas à cause de sa culpabilité ancienne ou de ses émotions pénibles, mais à cause de cette vie intérieure de plus en plus étriquée. La mort de son frère n'était qu'une composante de son mal-être.

Laurent dévisagea sa femme. *Marie, la belle Marie. Si douce, au cœur si grand. Comment ai-je pu la détester une seule seconde ?* Elle l'observait silencieusement. Sereine. Confiante. *Ce que j'aimerais plus que tout*, se dit-il, *ce serait de revenir à l'aube de ma vie, recommencer sur une page blanche, reprendre au jour où je me sentais bien, où tout était neuf. Redéfinir mon existence, créer une vie qui me plairait, en toute liberté. Peut-être n'est-il pas trop tard pour retrouver un sens à ma vie ? Peut-être qu'en changeant mon attitude vis-à-vis des miens, je pourrai repartir sur un chemin plus heureux ?*

La clarté se fit lentement en lui. Il comprit subitement que la souffrance était dans son esprit, qu'elle n'existait pas par elle-même mais dépendait d'autres éléments. Son regard sur le drame en était un. *Je ne peux pas changer le fait que Charles soit mort*, pensa-t-il, *mais si je modifie mes émotions liées à son décès, peut-être la souffrance s'allègera-t-elle ?*

Alors qu'il se sentait complètement abandonné un instant plus tôt, il trouvait à présent une paix indéfinissable auprès de Sam et de Marie. Une chaleur inconnue jusque-là le rapprochait intimement d'eux. Oui, sans son épouse et sans son fils, où en serait-il aujourd'hui ? Sa petite famille lui avait donné tant de joie, elle l'avait rendu si heureux. Ils devaient l'aimer si fort pour ne pas le juger sévèrement ni le condamner. Une émotion intense l'étreignit soudain. Il se sentait fort pour la première fois. Plus rien, désormais, ne pourrait se mettre entre lui et les siens. Cet amour le rendait léger, presque libre. En partageant ses angoisses, il avait vaincu sa peur.

Laurent se tourna vers Sam. Il caressait doucement le chat, en prenant grand soin de n'effleurer que les taches noires. L'animal semblait apprécier divinement ces gestes de tendresse.

– Sam, je suis désolé de m'être emporté tout à l'heure. J'étais hors de moi. Tu n'as rien fait, je le sais. Ma colère était complètement disproportionnée. J'espère que je ne t'ai pas fait trop peur…

Sam regarda son père, ses yeux tenaient à peine ouverts. Il bâilla profondément :

– Non, non, ça va. Je vais bien. Je n'ai pas pleuré beaucoup, juste deux ou trois gouttes…

Les mots de son enfant, sa petite voix tendre lui arrachèrent un demi-sourire. Le premier depuis de longues heures. Cela faisait un bien fou d'entendre son fils s'adresser directement à lui ! Il se leva, ébouriffa les cheveux de Sam d'un geste machinal mais infiniment tendre. Il se rendit à la cuisine, prit du papier, des allumettes et un crayon gris. Il lui proposa de sortir avec lui finir le rituel, bien que le soleil ne soit pas encore levé. Cette fois-ci, Sam serait le garant de la réussite de sa mission.

– Tu iras te coucher à notre retour…

– Ça baigne, lui lança Sam en riant.

Le petit garçon s'empressa de mettre ses

sandales et, la main dans celle de son papa, ils partirent dans la fraîcheur de l'aube.

Au terme de tous ces déchirements, Laurent découvrait une incroyable sérénité en lui. Il se sentait en paix avec lui-même, comme il ne l'avait jamais été.

Il fixait Sam, heureux que leur relation se transforme enfin. Il pensa à Marie, puis à sa maison, au chat qui se prélassait sur le tapis. Tout était comme avant, identique et pourtant si différent.

Mais ce n'étaient pas eux qui avaient changé.

C'était lui.

Son regard était nouveau.

Et grâce à cela, tout le reste aussi avait changé.

22.

Le lendemain, lorsque Sam se réveilla, une lumière éblouissante illuminait sa chambre. Il eut toutes les peines du monde à ouvrir les yeux. Le jour était levé depuis longtemps. Ce réveil tardif était déjà en soi inattendu, mais s'expliquait par la courte nuit.

Ce qui surprit ses parents fut surtout sa mauvaise humeur. Rapidement habillé, il refusa de prendre son petit déjeuner et traîna devant ses tartines pendant plus d'une demi-heure. Il se disait fiévreux. Il crachait et toussait souvent. Toute la fin de la matinée, il erra dans la maison comme une âme en peine. La joie n'illuminait plus son joli visage et rien, pas même Ip, ne lui redonnait le sourire.

Dans sa chambre régnait un désordre inhabituel : les habits à terre, les tiroirs de la commode ouverts, les livres pêle-mêle répandus sur le lit. La lumière matinale traversait vaillamment les volets entrebâillés. Vautré sur le tapis, Sam regardait une fourmi qui s'était égarée là.

– Regarde, Ip, je vais lui apprendre à voler.

Il s'empara délicatement de la fourmi, plia son index et telle une catapulte l'éjecta un demi-mètre plus loin.

Cette brutale poussée de fièvre inquiétait Marie, mais plus encore le fait qu'il avait l'air « éteint ». *Quand mon fils est heureux*, pensa-t-elle en soupirant, *il est comme une allumette qui illumine tout ce qui l'entoure.*

Aujourd'hui, cette joyeuse flamme lui manquait terriblement.

Sam éternua.

– Tu as pris froid mon chéri ?

– Non, j'ai juste fait « atchoum ».

Elle éteignit machinalement la lumière du plafonnier.

Sam se sentait gelé, dans son corps et dans son âme. Ni le pull en laine, ni le soleil d'été ne suffisaient à le réchauffer. Il continuait à fixer un point invisible au plafond.

– Sam, je dois absolument partir, papa va te conduire chez le pédiatre. Tu sais, le « docteur Précieux »…

Marie descendit l'escalier. Elle était soucieuse car Sam tombait rarement malade. Elle se demanda si les terribles révélations de la veille n'avaient pas perturbé leur fils plus qu'il ne l'avait montré. Laurent, de son côté, avait passé une magnifique fin de nuit. Il se sentait léger, presque heureux. Pour la première fois depuis longtemps, il avait confiance en l'avenir. Il avait envie de vivre. Il grimpa l'escalier à la hâte pour se rendre dans la chambre de son fils. Il s'avança vers lui, un gilet dans les mains :

– Tiens, Sam, ta mère m'a dit de rajouter ça sur ton dos pour que tu n'attrapes pas froid en allant chez le médecin.

– Pourquoi tu es habillé tout en noir ? Tu ressembles à un scarabée.

Toussant de plus belle, il ajouta :

– Je veux pas aller chez le docteur Précieux !

– Mets ta main devant ta bouche quand tu tousses, je n'ai aucune envie d'être malade moi aussi.

L'enfant enfila l'habit en bougonnant et sortit attendre son père dans la voiture.

Laurent se sentait un autre homme. Son aveu l'avait soulagé, son fils lui parlait, son épouse lui pardonnait : sa vie semblait enfin prendre le bon chemin. Tout en conduisant, il se demandait quel impact avait eu sa révélation sur Sam. Il regrettait amèrement de s'être emporté, mais cela avait été plus fort que lui, il n'avait pas pu se contrôler. Marie avait-elle raison de penser que la fièvre était une réaction émotionnelle au dérapage de la veille ?

L'enfant l'interrompit dans ses pensées :

– Charles, il est ton frère depuis combien de temps ?

– Comment ça ?

– Charles, il est ton frère depuis combien de temps ?

– Que veux-tu dire ? Charles a été mon frère pendant douze ans puisqu'il est décédé quand j'avais douze ans… Ou si tu veux, il est toujours mon frère, même s'il est mort, donc nous sommes frères depuis une trentaine d'années…

– Tu comprends rien, comme toujours… cracha Sam entre deux quintes de toux.

– Tu n'as qu'à poser des questions mieux formulées ! s'impatienta Laurent.

Ce questionnement énigmatique l'agaçait ; involontairement il accéléra. Il observa à travers le rétroviseur son fils assis derrière lui. Pourquoi Sam posait-il donc toujours des questions que lui seul comprenait ? Laurent s'obligea à être patient. Après son violent accès de rage de la veille, il ne voulait surtout pas se laisser guider par ses pulsions à fleur de peau. Après tout, pour une fois que son fils lui parlait !

Les deux passagers de la voiture se laissèrent un instant absorber par leurs pensées.

– J'ai froid !

Malgré la température élevée de la mi-journée, le père alluma le chauffage de la voiture.

– Sam, peux-tu placer ma mallette sur le siège près de toi, s'il te plaît ?

Sam étira le bras le plus loin possible vers la petite valise et tenta de la tirer sur le siège à ses côtés. Mais elle était trop lourde, et sans point d'appui, il n'y parvenait pas.

– C'est trop dur ! Je n'y arrive pas…

– Ce n'est pas grave… Tu verras, un jour tu deviendras aussi musclé et fort que ton papa !

– Je suis assez fort pour un garçon de six ans ! rétorqua Sam, énervé. Et puis, toi t'es musclé, mais pas fort.

– Comment ça ?

– Si tu te brûles, tu auras autant mal que moi !

Une minute s'écoula dans le silence. L'enfant s'empara d'un magazine posé à ses côtés.

– « Le… thème », lut-il péniblement sur la couverture.

Ému, Laurent, le regarda dans le rétroviseur.

– Moi aussi Sam, je t'aime.

Mis à part le bruit du moteur, le silence régna à nouveau dans la voiture. *Je crois qu'il me faut des lunettes…* pensa Sam en approchant le magazine près de son nez. *Les lettres sont si petites, je n'arrive pas à les voir…*

Le petit garçon reprit le fil de ses pensées à voix haute :

– Est-ce que les voitures sont sensibles ?

– … Heu… Non, je ne pense pas que la nôtre ressente quoi que ce soit…

– Mais alors, pourquoi est-ce que tu ne veux jamais que je claque la portière ?

Avant qu'il ne puisse répondre, Laurent freina brutalement, manquant de peu la ruelle sur la droite qui menait au cabinet médical. L'arrêt presque net de la voiture plaqua Sam vers l'avant puis brusquement vers l'arrière.

– Ton frein à toi, c'est la peur…

– Bon sang, mais d'où sors-tu ces bêtises ?

Le ton moralisateur et philosophe de ce gamin de six ans l'agaçait. Les reproches qu'il entendait dans les commentaires de son fils lui faisaient oublier son âge ; il se sentait une fois de plus déprécié par Sam. Le reflet du miroir qu'il lui renvoyait ne lui plaisait pas du tout.

– Écoute, tu n'es qu'un enfant, quand tu seras grand, tu comprendras qu'en tant que père, j'ai tout fait pour toi !

– Oui, oui, ça, c'est vrai…

Ravi d'avoir eu le dernier mot, Laurent accéléra.

– ... Tu « étouffais » pour moi, ça, c'est vrai, confirma Sam en toussant de plus belle.

Laurent mit son clignotant pour tourner à gauche ; il décida de changer de sujet.

– Si tu veux, on pourrait faire un jeu ? Tu penses à quelqu'un, et je dois deviner à qui…

Il patienta quelques secondes pour laisser le

temps à son fils de trouver un personnage. Inquiet, Sam lui demanda :

– Est-ce que tu as entendu ce que j'ai dans ma tête ?

– Bien sûr que non ! Je ne suis pas Elena !

– Bon. Ne triche pas.

Laurent se lança dans un questionnement continu :

– Est-ce qu'il s'agit d'une femme ?

– Non, non.

– D'un homme ?

– Oui, oui.

– Est-ce qu'il est jeune ?

– Non, non.

– Il est donc vieux ?

– Oui, oui.

– Il a plus de soixante ans ?

– Oui, oui.

– Heu… il travaille encore ?

– Oui, oui.

– C'est ton grand-père ?

– Non, non.

– Attend, heu… tu l'as vu récemment ?

– Non, non.

– Il a plus de 80 ans ?

– Oui, oui.

– Bon sang, t'es sûr de tes réponses ?

– Oui, oui.

– Il est mort ou il est vivant ?

– Je ne sais pas.

– Comment ça, tu ne sais pas ? Tu te fiches de moi ! Soit on est vivant, soit on est mort ! On ne peut pas être les deux à la fois ! Et tu viens de me dire qu'il travaillait encore !

– Oui, oui.

– Et ce n'est pas ton grand-père ? Ou alors mon frère Charles ?

– Non, non.

– Ben ça n'a pas de sens tes réponses… Un homme vieux…

– Méga vieux !

– … qui travaille encore, qui est vivant ou peut-être mort,… que tu n'as pas vu depuis un moment… Ben, j'vois pas. Vas-y, dis-moi à qui tu pensais !

– Au père Noël ! s'écria Sam au comble du bonheur.

Le chauffage mis sur vingt-quatre degrés rendait l'atmosphère étouffante dans la voiture. Laurent espérait que la chaleur aiderait Sam à combattre la fièvre. Dégoulinants de sueur, ils arrivèrent à proximité du parking du cabinet médical. Il soupira en songeant à tout le travail qui s'accumulait à son bureau en son absence.

– Bon, on y va ? J'ai chaud, moi ! dit Sam en toussant.

23.

Le bon « docteur Précieux » questionna consciencieusement l'enfant et le père. La lumière matinale éclairait agréablement son bureau et la fenêtre ouverte laissait passer l'air chaud. Respirant bruyamment, la blouse blanche ouverte sur un ventre rebondi et le dos bien calé dans son fauteuil, il posait lentement ses questions tantôt à l'un, tantôt à l'autre. À chacune des rares visites de Sam, le vieux pédiatre espérait un échange précieux avec lui, ce qui lui avait valu son surnom. Ce jour-là, il se réjouit tout spécialement, car il avait compris sans même l'ausculter que l'échange serait à la hauteur de la richesse de l'enfant : sans aide médicale, rien qu'avec un peu de bon sens, il avait immédiatement estimé que Sam ne souffrait d'aucune maladie. Sa toux, sa fièvre paraissaient purement psychosomatiques et laissaient présager un partage comme il en vivait peu habituellement. Le « docteur Précieux » frotta intérieurement ses vieilles mains. *Cet enfant a des réflexions d'une sagesse que peu d'adultes possèdent...* songea-t-il. *Que me réserve donc Sam aujourd'hui ?*

Un seul coup d'œil lui avait suffi pour diagnostiquer l'évidence. Mais puisqu'on venait chez lui pour sa science, il avait pris l'habitude d'établir avec sérieux son diagnostic et de se pencher de manière professionnelle sur les symptômes visibles de son jeune patient.

Le docteur aspira goulûment l'air chaud de son cabinet. Puis il posa les mains sur son bureau, écarta le dossier du petit garçon et le fixa droit dans les yeux.

– Que t'arrive-t-il, Sam, tu tousses et tu as les yeux rouges... ?

– Rien. J'ai seulement quelque chose dans l'œil qui me gène.

– Un cil ?

– Non. Une larme...

Laurent voulut intervenir et évoquer l'accident du bain, mais le sentiment de culpabilité qui l'habitait et l'œil réprobateur du médecin l'en empêchèrent. *Je verrai bien où la consultation nous mènera*, pensa-t-il.

– Dis-moi Sam, as-tu été contrarié ces derniers temps ? Y a-t-il quelque chose à l'école ou à la maison qui ne va pas comme tu voudrais ?

Sam était touché que le « docteur Précieux » lui

pose cette question. Il avait toujours trouvé en ce bon médecin une oreille attentive ; décidément, il méritait bien son nom !

– J'ai le cœur qui pleure, avoua Sam.

Aussi vite qu'il avait exprimé sa tristesse, il changea de sujet et demanda sur un ton direct :

– Qu'est-ce que c'est, un microbe ?

– Hum, nous en avions déjà parlé, il me semble. Ce sont de minuscules organismes qui vivent en toi et qui déséquilibrent ton corps et ta santé.

– Est-ce que je suis assez malade pour avoir des tas de microbes dans mon corps ?

– Eh bien, en simplifiant on dirait que tu as très chaud. Quand on a de la fièvre, c'est en effet un signe qu'on est malade, confirma le pédiatre qui ne savait pas du tout où cette étrange conversation allait le mener.

Il s'y glissait néanmoins avec délice.

Cet enfant est un nectar pour mon esprit, songea-t-il, heureux. *Profite de chaque seconde de cette rencontre*, s'ordonna-t-il. *Ne va pas trop vite, « Docteur Précieux »*, chantonna-t-il en son for intérieur, ravi de son surnom.

– Je suis bien malade, alors ? voulut encore s'assurer le petit garçon. Et si je tousse, je dois mettre ma main devant ma bouche pour pas que les gens reçoivent mes microbes et tombent malades ?

Le pédiatre observa son petit patient et fit un lent mouvement affirmatif de la tête. À la grande surprise des deux hommes, Sam se retourna alors brusquement vers son père et lui cria :

– Les microbes, c'est plein de petits Sam que je te crache au visage !

Stupéfaits, ni le pédiatre, ni Laurent ne purent réagir à la brutalité soudaine de ses mots. Ils se regardèrent, incrédules. Rien dans l'attitude de l'enfant n'avait laissé présager une telle colère. Sam ne les avait pas habitués à ce timbre de voix si dur, si tranchant.

Blême, Laurent se reprit et intervint avec fermeté. Il se sentait insulté. Il se leva brusquement de sa chaise et, dominant son fils de toute sa stature, explosa :

– Je t'interdis de me parler sur ce ton ! Si tu as un reproche à me faire, je t'écoute. Mais ne me le crache pas au visage !

Le « docteur Précieux » crut bon de s'interposer :

– Sam, que s'est-il passé pour que tu sois aussi furieux contre ton père ? Je ne t'ai jamais vu lui parler sur ce ton…

Il s'arrêta net, surpris.

– Je ne t'ai d'ailleurs jamais entendu lui parler tout court !

La colère de Laurent, encore très présente aujourd'hui, refaisait dangereusement surface. Intérieurement, il tremblait d'être insulté de la sorte par son enfant, qui plus est devant témoin. Mais

Sam, peu impressionné par son père, restait campé sur sa chaise et, le visage levé, le fixait méchamment des yeux.

– Toi ! Toi ! Toi… bégaya Sam, embrouillé par sa rage.

L'enfant cherchait les mots justes. Des bribes de phrases se mêlaient à ses pensées confuses ; rien ne venait. Comment raconter aux deux hommes la peur qu'il avait éprouvée la veille ? Que dire de la soudaine violence de son père ? Comment leur raconter sa crainte que si son oncle avait disparu, Ip le pourrait aussi ? La mort était-elle une bonne chose, comme lorsqu'il avait failli se noyer, ou une mauvaise ? Pourquoi son père mourait-il intérieurement d'avoir tué Charles ? Y avait-il différentes sortes de mort ? Une agréable et une désagréable ? Sam devait-il se sentir coupable de s'être « presque » tué ? Était-il un assassin comme son père ? Son propre assassin ?

En pleine confusion, il n'avait qu'une certitude : par la faute de son père, il souffrait.

Il était la cause du retour de ses cauchemars. Il représentait ce que l'enfant voulait éviter : la mort, la colère, les cris, la séparation ; il fallait donc l'éliminer.

Sam tentait vainement de cracher sa colère en même temps que ses microbes sur ce père qui lui embrouillait l'esprit et le rendait malheureux.

– Toi ! Toi ! bégayait-il.

À court de mots, l'enfant lui cria :

– Toi : bébé, et moi… rouleau compresseur !

Joignant les gestes à la parole, Sam fit mine de conduire un gigantesque rouleau compresseur qui roulait droit sur son père.

Médusé, le pédiatre observa la rage sur le visage du petit garçon. Il comprenait qu'avec ses mots et ses gestes d'enfant, Sam voulait combattre un sentiment d'impuissance face à l'attitude de son père, une émotion si insupportable à vivre qu'il aurait voulu tuer celui qui l'avait fait naître en lui. Le vieux médecin se leva et s'accroupit péniblement devant Sam. Il lui plaça délicatement sa grosse main fripée sur le genou pour attirer son attention. Il voulait user d'un peu de psychologie pour rassurer son jeune client :

– Sam, mon cher enfant, je vois que tu es bouleversé, mais tu sais, ton père est un homme comme les autres, avec ses qualités et ses défauts. Il arrive parfois que nos papas nous mettent très en colère. Tu dois apprendre à lui pardonner… Il fait ce qu'il peut…

L'enfant écoutait ces sages paroles sans détourner son regard noir de son père.

– Et surtout, Sam, ton père t'aime plus que tout !

– C'est vrai Sam, je t'aime ! intervint Laurent maladroitement. Je ne te veux pas de mal…

– Qui est-ce qui parle ? cracha l'enfant qui dégoulinait tant il avait chaud. Qui est-ce qui parle ?

Les deux hommes se regardèrent, perplexes.

– Qui est-ce qui parle ? hurla Sam, furieux, pour mieux se faire entendre.

– Comment cela Sam, qui est-ce qui parle ? C'est ton père qui te parle, tu devrais l'écouter…

– Il ne me parle pas, cria Sam, les larmes plein les yeux, il joue à me parler, il joue à être mon père. Il joue à m'aimer !

Le médecin examina Laurent d'un air grave. Il se releva et s'assit à nouveau derrière son grand bureau. *Décidément, aucune consultation n'égale celles passées avec Sam*, songea-t-il. *Il est l'éblouissement de mes années en pédiatrie !* Il dévisagea lentement ses deux clients aussi désemparés l'un que l'autre, mais pour des raisons si divergentes. Sam, le souffle court, se tenait avachi et blême sur sa chaise ; ses habits collaient à sa peau, la sueur perlait sur son front et son cou. Laurent ne bougeait pas, il attendait que le pédiatre prenne l'initiative. *Sam doit bien atteindre quarante degrés de température pour transpirer autant*, songea le pédiatre.

Le médecin réfléchit au médicament miracle qui pourrait aider ces deux êtres désorientés. Il chercha au fond de lui. Soudain, son vieux cœur battit plus rapidement.

Magnifique !

La rage de son jeune patient devint une évidence ! Enfin, ils allaient pouvoir évoquer la vraie raison de cette consultation, l'objet véritable des soucis de Sam.

Le médecin fit une longue pause, puis s'exprima enfin :

– Hum, Sam, je crois que j'ai exactement le médicament qu'il te faut.

Le « docteur Précieux » sourit en son for intérieur, anticipant avec régal le geste médical qu'il allait pratiquer. Il se dirigea à pas lents vers la bibliothèque de son bureau, farfouilla dans plusieurs rayonnages et finit par s'emparer d'un livre sur le bouddhisme tibétain que sa femme lui avait offert à Noël. Il le feuilleta rapidement jusqu'à trouver la bonne page. Là, soulignée au stylo bille, une citation qui l'avait touché ressortait du texte. Il revint avec le livre vers le père et le fils et leur lut à voix haute d'un ton solennel, détachant bien chaque mot :

– « Dieu ne nous demande pas d'aimer, ni d'être aimé. Il nous demande d'être dans l'amour. »

À ces mots, un immense sourire illumina le visage de l'enfant, d'une telle ampleur qu'elle émut le vieux médecin jusqu'aux larmes. Tout s'éclairait ! Ce drôle de docteur lui apportait, comme la dame qui faisait pousser les ailes, clarté et illumination !

– Merci ! Merci ! cria Sam en se levant d'un bond, tout joyeux d'être ainsi délivré de son fardeau en une seule phrase.

De ses minuscules bras, il enlaça l'énorme

ventre du médecin. *Cet enfant me rend heureux*, songea l'homme âgé. Les bras ballants, Laurent se sentait exclu de ces échanges énigmatiques.

Le « docteur Précieux » vint rapidement à sa rescousse et lui expliqua que Sam lui reprochait de ne pas être authentique et de ne pas l'aimer tel qu'il aimerait être aimé : pour lui-même, dans un amour détaché, sans être une prolongation de la problématique paternelle. Grâce à ce petit texte tout simple, Sam venait de comprendre qu'il possédait les mêmes défauts que ceux qu'il reprochait à son père : le jugement et l'envie de changer l'autre. Sam découvrait que lui aussi ne voyait pas son père tel qu'il était véritablement et qu'il luttait contre sa personnalité afin qu'elle corresponde à ce qu'il aimerait que son père soit.

Être dans l'amour... Cette attitude intérieure était si simple à comprendre, mais tellement compliquée à adopter.

– Je pense Sam, que tu peux te déshabiller à présent, non ?

Cette réflexion inattendue troubla Laurent plus encore.

Il se passa une main dans les cheveux. De quoi parlait-on, maintenant ?

Contrairement à lui, Sam rit de bon cœur. Ses rires redoublèrent lorsqu'il vit la tête de son père. Une fois de plus, celui-ci ne comprenait pas ce qui se tramait sous son nez.

Le vieux médecin s'avança vers Sam et l'aida patiemment à se dévêtir. La jaquette, le pull bleu, puis le vert, le tee-shirt, l'autre tee-shirt… Le déshabillage n'en finissait plus ! Le visage consterné de Laurent s'éclaira : il avait enfin compris !

– Sam, il n'y a vraiment que toi pour me faire un coup pareil ! s'exclama-t-il.

Avec l'aide du « docteur Précieux » et de son père, Sam continua à ôter l'incroyable nombre de couche d'habits avec lesquels il s'était vêtu le matin. Suant à grande eau, il avait cru, dans son imaginaire de petit garçon, que la chaleur produite par son corps était pareille à la fièvre et qu'il pouvait, de cette curieuse façon, fabriquer une maladie. Il espérait ainsi créer suffisamment de microbes pour attaquer son père : le tuer, ou, tout du moins, le rendre malade.

La phrase magique du docteur lui avait fait prendre conscience que lui non plus n'aimait pas son père tel qu'il était. En voulant le rendre malade, en l'éliminant, il décidait qu'il n'était pas le père qu'il aurait souhaité avoir. Il était donc dans le jugement et adoptait le comportement inadéquat qu'il reprochait justement à son père.

L'enfant regarda le vieil homme.

– Tu sais, tout devient clair, comme si on avait arrêté de remuer l'eau du marais !

Le pédiatre sourit. Cette pensée représentait parfaitement ce qui se passait dans l'esprit humain :

nos pensées sont confuses et nous harcèlent, comme si nous remuions sans arrêt l'eau marécageuse, nous empêchant d'y voir clair. Mais lorsque nous arrêtons de remuer la vase, tout s'éclaire. C'était là l'expérience qu'il faisait quand il méditait chaque matin avant de commencer son travail. Il gardait ainsi l'esprit clair tout au long de la journée.

À l'arrivée du petit garçon pour la consultation, un seul coup d'œil avait suffi au bon vieux docteur pour comprendre qu'avec une telle pile d'habits sur soi, on ne pouvait que se sentir « fiévreux » ; d'autant qu'avec la chaleur estivale qui régnait ce jour-là, Sam avait vraiment dû endurer une sacrée « cuite », proportionnelle à la colère qui « bouillonnait » en lui ! Avec son âge et la sagesse acquise durant de nombreuses années à pratiquer la pédiatrie, et connaissant bien son petit patient, le médecin avait estimé important de ne pas dévoiler l'évidence au père. Avec justesse, il avait pensé que son aveuglement face à cet étrange habillement reflétait un mal-être sous-jacent qu'il valait mieux « dévoiler » lentement.

Après tout, cela faisait partie intégrante de son métier : traiter les déséquilibres, peu importait où ceux-ci se logeaient et comment ils s'exprimaient !

D'un sourire satisfait, le vieux pédiatre dit à Sam qu'il était guéri et que la toux cesserait d'elle-même rapidement.

Sam répliqua, d'une voix enjouée :

– Dieu nous guérit toujours quand c'est le bon moment !

En sortant de chez le médecin, père et fils furent bloqués par une femme âgée qui se trouvait en difficulté sur le pas de la porte de l'allée de l'immeuble. Cramponnée à son déambulateur, elle avait de la peine à le soulever pour le faire rouler par-dessus la minuscule marche qui délimitait le hall d'entrée de l'extérieur. Avec lenteur, elle fit une nouvelle tentative. Impatient, Laurent faisait mine de vouloir la dépasser malgré le manque évident de place, son esprit accaparé par l'envie de se rendre rapidement à son bureau. Il se tenait derrière la vieille femme, presque collé à elle. Au bout de quelques secondes interminables, il se pencha vers la dame afin de l'aider. Anticipant le geste de son père, Sam lui dit simplement :

– Non, non. Attends…

Interloqué, le père se retint d'agir et réfléchit. La femme, lentement mais fermement, parvint finalement à se dégager et se dirigea tranquillement vers le trottoir.

– Tu es en train de me dire de ne pas prêter assistance à cette femme ? murmura Laurent à son fils. Mais elle a pourtant besoin d'aide ! Et toi tu crois que je dois la laisser se débrouiller seule ?

Il poussa son raisonnement plus loin.

– En lui prêtant assistance sans lui demander son avis, je l'infantilise… c'est bien ça ? Si elle a besoin d'aide, elle peut me le demander, hein ?

Laurent comprit combien ses pensées, ses actes étaient prédéfinis et automatisés ; seul son individualisme guidait ses initiatives. Avec cette femme âgée, il n'avait en rien été un homme serviable ou secourable : seule son impatience à rejoindre son bureau avait motivé son comportement ! Les désirs des autres, leur ressenti, n'avaient que peu de valeur à ses yeux, qu'il s'agisse de cette femme inconnue ou même de sa propre épouse. Il n'y prêtait pas beaucoup d'importance. Cette habitude de croire qu'il savait tout l'empêchait de s'ouvrir à la nouveauté et de s'émerveiller. Face à l'immensité de la diversité de la vie, Laurent comprit soudain qu'il ne savait pas grand-chose…

Sam fixa son père droit dans les yeux et lui fit un sourire d'encouragement.

– En réalité, c'est toi, mon fils qui m'élèves !

Sam sourit et lui répondit :

– Oui, oui. Je t'élève…

24.

– Chéri ? As-tu vu Sam ?

– Oui, cela fait une demi-heure qu'il s'admire dans le miroir…

– Je lui ai préparé un goûter. Peux-tu lui demander de nous rejoindre dans le jardin ?

– Sam, cria Laurent, viens prendre ton quatre-heures !

– Tu sais, tout à l'heure je jouais avec lui et Ip à la guerre des étoiles et son vaisseau a fait exploser notre planète. Je lui ai dit que c'était terrible de faire disparaître la Terre. Que nous n'existerions plus sans elle. Tu sais ce qu'il m'a répondu ? « Mais non, c'est pas affreux. Le rien, c'est aussi Dieu ! » Cet enfant me surprendra toujours, c'est comme s'il voyait le Divin en tout, même dans le vide…

À l'appel de son père, Sam se détourna avec regret de son image projetée. *Pourquoi Ip et*

Dieu ne se reflètent-ils pas comme moi dans le miroir ?

En compagnie de son ami invisible, Sam feuilletait, sur la terrasse du jardin, l'album de photos que sa mère avait créé depuis le jour de son mariage. L'enfant riait en découvrant la tête de ses parents sur les photos anciennes avec leurs vêtements et leurs coiffures démodés. Marie, à ses côtés, posait de temps à autre les yeux sur les pages sans les voir, le sourire aux lèvres.

– Vous avez de la chance d'avoir voyagé sur la lune !

– De quoi parles-tu ? On n'est pas des astronautes !

– Moi aussi, je voudrais y aller un jour !

Marie éclata de rire :

– C'était notre lune-de-miel, chéri, pas un voyage sur la lune !

Laurent s'empara du pichet de limonade qu'il avait disposé avec trois grands verres sur la petite table en bois à côté d'eux. L'enfant rit tout à coup plus fort : sur certaines photos, Sam avait les yeux complètement rouges ! Elles prouvaient que son papa, pour une fois, avait tout à fait raison : il était un vrai démon !

Ce samedi-là de fin juillet était splendide. L'air chaud emmenait Marie dans une somnolence bienheureuse. À ses oreilles, le rire de son fils avait la douceur d'un chant, dont elle imprégnait chaque cellule de son corps, créant en elle une impression de fraîcheur agréable. Marie ferma les yeux et repensa à ces dernières semaines écoulées, s'étonnant de toutes ces années vécues sans chercher de sens à sa vie, sans recherche de qui elle était, et de qui étaient Sam et Laurent.

Je ne dois pas penser à ce que je veux donner à Sam, mais à ce qu'il aimerait recevoir. Marie prit conscience que donner de l'amour à Sam, c'était le laisser être lui-même, qu'elle devait respecter sa manière d'être et son identité, même si celles-ci ne correspondaient pas à ses espoirs. Mais il lui était difficile de ne pas projeter ses attentes sur son fils. Elle ne pouvait s'empêcher de mêler inconsciemment Sam à sa complexité à elle, dans une confusion intérieure néfaste. *Comment respecter la personnalité de mon enfant alors que je ne me rends même pas compte que je l'assimile à mes désirs inconscients ?*

Découvrir en profondeur qui je suis me conduira inévitablement à mieux le comprendre et à le voir tel qu'il est vraiment. Il n'y aura plus de malentendu possible. C'était précisément ce qui était en train de se passer : en découvrant ses goûts véritables, elle devenait de plus en plus authentique, directe ; désormais peu importait avec qui ou dans quelle situation elle se trouvait, elle n'avait plus besoin de vivre dans les apparences ni de jouer un rôle.

Elle ouvrit les yeux et observa Sam qui buvait la limonade. Elle les referma aussitôt et poursuivit son monologue intérieur. Soudain elle comprit la raison pour laquelle il ne lui parlait jamais auparavant : autrefois, elle jouait à être la maman. Elle n'était pas véritablement elle-même de sorte que son fils ne la reconnaissait pas ! Depuis son enfance, il lui semblait n'être reconnue par les autres qu'à travers sa souffrance. Elle décida d'être désormais « vraie », de cesser de tout accepter sans jamais oser s'affirmer ni dire « non ». Elle devait impérativement arrêter de se comporter en victime.

Marie ouvrit les yeux, se pencha en avant et demanda à son fils :

– Sam, veux-tu encore boire de la limonade ?

– Non, non. J'ai déjà beaucoup bu. Il faut attendre que mon corps sèche…

– Tu as envie de te balader ?

– On pourrait aller jouer au cimetière ! Tu viens Ip ?

Marie sourit à son enfant qui partait déjà en courant avec son ami imaginaire. *La vie est magnifique : nous allons nous amuser au cimetière comme d'autres vont au parc !*

En chemin, ils croisèrent une petite fille qui poussait un landau vide en compagnie de sa mère. Elle devait avoir deux ans tout au plus ; régulièrement, ils se rencontraient lors de promenades et se saluaient à chaque fois d'un simple sourire. Or, cet après-midi-là, en arrivant à leur hauteur, la fillette s'arrêta net, ce qui força chacun à faire de même. Pour la première fois, les deux femmes prirent le temps de se dire bonjour et d'échanger quelques mots.

– Garçon ! s'exclama la petite fille en pointant Sam du doigt.

Marie sourit et confirma :

– C'est vrai, c'est un garçon. Et toi tu es…

Tous les regards se tournèrent vers la fillette dans l'attente de sa réponse. Elle se tut un instant, puis annonça :

– Un papillon !

Surpris, Sam et les femmes rirent de bon cœur. Marie, toujours souriante, leur souhaita une belle après-midi et entraîna son fils à poursuivre leur chemin.

– La vie est tellement belle, maman ! Je reçois tant de cadeaux ! s'exclama Sam en tournoyant sur lui-même. Merci ! Merci *ma* vie !

– C'est vrai, Sam, la vie est merveilleuse. Et je suis sûre que je reçois autant de cadeaux que toi, mais malheureusement… je ne les vois pas.

Ils approchèrent du cimetière.

– Tu as une manière d'appréhender la vie qui est si belle, chéri. J'aime par exemple ta manière d'évoquer Dieu. J'aimerais tant parvenir à le ressentir en moi aussi fort que toi…

– Tu n'y arrives pas, parce que tu vois Dieu comme un bonhomme. Loin de toi…

– Tu veux dire que puisque je l'imagine à l'extérieur de moi, il me semble hors d'atteinte ?

– Oui, oui.

– Alors comment réussir à éveiller le Divin en moi ? Je ne parviens pas à le faire !

– C'est toi que tu dois réveiller, pas Dieu ! C'est toi qui dors ! s'exclama Sam avec sérieux. D'ailleurs, tu sais, à présent, j'aime bien dormir. Dans mon lit magique, je n'ai plus peur.

– Hier soir, très tard, je suis venue te voir dormir… Ton sommeil était si profond, si paisible. Mon Dieu, Sam, en quelques semaines, il s'est passé tellement de choses !

– Tu sais maman, si une fois quand je dors, tu ne me vois pas dans mon lit, tu ne devras pas t'inquiéter !

– Comment ça ?

– Souvent pendant la nuit, je m'en vais. Je pars : je vole dans les nuages, je flotte dans les étoiles !

Marie sourit.

– Promis, chéri. Si je ne te vois pas, je ne m'inquiéterai pas.

Ils arrivèrent à l'entrée du cimetière ; les enfants se mirent à courir entre les tombes et à jouer à s'attraper, les cailloux roulant sous leurs pieds. Marie s'assit sur son banc favori, à l'ombre d'un grand chêne, dont les racines déterraient les stèles alentour. Elle retrouvait dans ce lieu la verdure des parcs, mais sans les cris des enfants. C'était délicieux de sentir la chaleur du soleil sur son corps. Elle sortit ses lunettes de soleil et observa un vieil homme agenouillé près de la tombe d'une femme, décédée vers trente ans, si son calcul était bon. Il nettoyait la stèle et taillait le petit rosier fleuri qui ornait la sépulture. Sa dignité la toucha. Avait-il perdu son premier amour dans la fleur de l'âge ? Était-il resté fidèle à sa mémoire après autant d'années ? Chaque tombe racontait une histoire, tel un livre perdu parmi des milliers de volumes dans une bibliothèque.

– T'es mort ! cria Sam.

Pour s'en assurer, il tira une fois de plus sur son ami avec un pistolet imaginaire. Mais Ip se rebiffait.

– Quand on est mort, on est mort ! Tu dois dire : « aaargh » ! s'énerva Sam.

Une dispute commença entre les deux amis.

– T'as pas le droit de me parler comme ça ! Et si moi, je suis une femmelette, alors toi tu es un, une… « hommelette » ! rétorqua-t-il à son ami invisible.

Il s'approcha de lui menaçant.

– Non, non Ip ! Quand tu es mort, tu peux pas revivre ! T'as pas les bons pouvoirs magiques ! gronda-t-il les mains sur ses hanches. C'est pas du jeu, t'as pas le droit de demander ça à Dieu ! Et puis, à force de lui demander des trucs, tu vas finir par l'user !

Se faufilant entre les tombes, l'enfant s'éloigna de son camarade. Il s'arrêta brusquement en pleine course et ouvrit le couvercle d'une poubelle. Il mit la tête dans le trou et rit de bon cœur. Il semblait parler avec un être imaginaire caché dedans... *Un ami invisible de plus*, songea Marie.

– Attends, j'arrive ! cria Sam à Ip. Je parle juste au monstre de la poubelle !

Après sa conversation avec le monstre, il lâcha le couvercle qui se referma bruyamment. En contemplant Sam, Marie repensa à l'année passée, alors qu'elle devait rendre visite à sa belle-mère qui réclamait avec insistance de voir son petit-fils. Elle avait rechigné toute la semaine à y aller, mais puisque Laurent avait décrété qu'il était hors de question qu'il y aille, elle s'était sentie obligée d'accepter l'invitation. *Pour quelle raison est-ce si difficile pour moi de refuser ? Pourquoi dois-je me sentir coupable alors qu'il s'agissait après tout de la mère de Laurent ?*

Et comme par hasard... en n'osant pas « laisser tomber » sa belle-mère, elle était elle-même tombée et s'était fracturé la cheville ! *Pourquoi est-il si compliqué de dire « non » ?*

Marie soupira. *En réalité, je n'avais aucune envie d'y aller, mais je ne voulais pas la blesser...* Elle sortit brusquement de sa rêverie, se redressa sur le banc et ouvrit grand les yeux : *Mon Dieu ! Par culpabilité et pour ne pas « la blesser », je me suis blessée moi-même ! Uniquement par peur de lui avouer que je voulais annuler notre rencontre !*

Elle s'adossa à nouveau au banc et réfléchit. *Pourquoi suis-je sans arrêt en train de douter de moi ?* Elle sourit en repensant à sa mère qui lui répétait inlassablement quand elle était enfant : « Quand il y a un doute, il n'y a pas de doute ! ». *C'est comme si mes mots n'avaient pas assez de poids quand je parle, comme si par rapport aux mots des autres, les miens n'étaient jamais efficaces. Dire à ma belle-mère que je ne pourrais pas la voir ne semblait pas une excuse valable, car ce n'était que des mots, un ressenti immatériel ; alors qu'une blessure... voilà une excuse tangible et acceptable !*

Cette pensée en entraîna une autre : *c'est la différence entre être et faire. Si je continue à croire qu'on ne respectera pas ce que je dis... je ne pourrai jamais parvenir à m'exprimer, alors qu'en réalité, mes sentiments ont autant de valeur que mes actes !* Elle repensa aux dernières paroles emplies de sagesse de Sam. *Que m'a-t-il dit tout à l'heure ? « Pour moi aussi c'est difficile de dire ce que je pense, c'est comme si je devais expliquer ce que je vois à un aveugle ! ».*

Sam et Ip la rejoignirent à toute allure.

– Maman, écoute mon estomac : il parle ! Il a faim !

Elle émit un petit rire en entendant des gazouillis sortir du ventre de son fils. Marie se pencha et ouvrit le sac du goûter. La petite main de son enfant s'agitait sous son nez, attendant impatiemment le biscuit au chocolat. *Quel drôle de mélange dans cet enfant : autant de sagesse que d'espièglerie !*

Ce samedi-là, Elena se rendait d'un pas tranquille à son cabinet ; dans le calme, elle désirait repenser à l'étonnante résolution d'un problème vécu par l'un de ses jeunes clients et rédiger quelques notes à ce sujet. Elle inspirait avec bonheur le parfum des grands chênes plantés là des années plus tôt.

Les pas d'Elena l'amenèrent bientôt à longer le cimetière. La voix joyeuse de Sam la tira de ses réflexions. Elle s'arrêta et, sur la pointe des pieds, regarda par-dessus le mur. Elle fut saisie par ce qu'elle vit.

Son cœur se mit à battre plus fort. *Incroyable ! Pourquoi n'y ai-je pas songé plus tôt ?* Un immense sourire se dessina sur son visage. Elle s'empressa de rejoindre Marie, Sam et Ip.

Arrivée à leur hauteur, elle salua Marie d'une voix claire. La maman, enchantée de cette arrivée inattendue, la salua en retour. Elena regarda les enfants qui quémandaient des biscuits :

– Bonjour Sam, quel plaisir de te voir ici ! Et là, j'imagine que c'est ton ami Ip ? Bonjour Ip, je suis ravie de faire enfin ta connaissance !

Désorientée, Marie regarda Elena.

Jusqu'alors, personne n'avait mis en doute que l'existence d'Ip fût imaginaire.

25.

– Je ne comprends pas. Vous voulez dire qu'Ip est réel ? s'exclama Marie.

– Mais oui, Ip existe ! Je viens de lui parler !

La maman dévisagea Elena d'un air ahuri.

– Ip n'est pas une invention, Marie, il n'est pas sorti de l'imagination de votre fils.

– Mais que dites-vous ? Je ne le vois pas, moi !

– Je comprends votre confusion ; comment vous expliquer… Il est vivant, bien qu'invisible !

– Ce que vous dites n'a aucun sens…

– Excusez-moi, vous avez raison, je m'exprime mal. Je suis encore sous le choc de la rencontre… Ip est une énergie sans matière. Il est vivant, bien que mort !

Marie leva les yeux au ciel. Les garçons s'étaient momentanément éloignés ; ils tiraient de minuscules cailloux dans un vase cassé près d'une tombe. Évitant de se demander ce que

Marie pensait d'elle, Elena s'assit à ses côtés et poursuivit.

– Depuis des années, Sam joue avec un enfant décédé ! Il ne s'agit pas d'un ami imaginaire ! Votre fils voit réellement Ip, il joue vraiment avec lui !

Incrédule, la mère l'interrompit d'un ton brusque :

– Vous êtes en train de me dire que mon fils joue avec un fantôme ? Tout cela est ridicule !

– Je sais que cela semble insensé, mais Ip est bien là, à jouer avec Sam, à lui parler ! Il existe véritablement, mais dans une réalité plus subtile que celle de notre monde plus dense, plus matière…

– Je suis désolée, je ne crois pas aux fantômes.

– Marie, je comprends votre méfiance, mais croyez-moi : ce n'est pas parce que vous ne le voyez pas qu'Ip n'existe pas.

Sam et Ip arrivèrent à la hauteur des deux femmes.

– De quoi parlez-vous ?

– Nous parlons de la mort, Sam, et de ton inséparable ami.

– Ip serait un « fantôme » aux dires d'Elena !

– Mais Ip n'est pas un fantôme !

– Ah ! Vous l'entendez ? conclut Marie satisfaite.

– Les fantômes, on les voit pas !

– Sam, intervint la thérapeute, le sourire aux lèvres, ta maman a mal compris ce que j'ai essayé de lui dire. Ip n'est pas un fantôme, en effet, mais un enfant décédé.

Marie l'interrompit brusquement :

– Écoutez Elena, je ne crois pas que la mort soit un sujet à évoquer avec un enfant de six ans…

– Et pour quelle raison ? Depuis des années, votre fils a pour meilleur ami un enfant mort !

Marie voulut intervenir afin d'empêcher cette discussion sur la mort, mais la thérapeute la prit de court et poursuivit sur un ton plus ferme qu'elle ne l'aurait souhaité :

– Sur cette Terre, il n'existe pas un seul homme qui ne soit mort, Marie. Parler de ce sujet, et surtout y penser, est fondamental… à tout âge. Nier la mort, la fuir ou la craindre est une erreur induite par nos peurs. La mort fait partie intégrante de la vie ; il est fondamental d'y penser pour donner une signification à la vie !

– Mais c'est absurde ! Ip n'est pas un mort « vivant » !

– Je comprends que selon votre conception de la vie, cela n'a aucun sens ; notre société nie tout sens d'éternité. Mais osez douter de l'éducation que vous avez reçue et des croyances qui l'accompagnent ! Nous vivons dans une société qui croit qu'il y a un début, la naissance, et une fin, la mort. Je conçois que la majorité des gens en Europe ne croient pas en la vie après la mort, ils n'ont pas raison pour autant !

Elena soupira en s'affalant contre le dossier du banc. *À quoi bon prêcher dans le vide ?*

Cette vision à court terme, sans souci du futur, ni de la continuité de la vie après la mort physique agaçait Elena, car cette vision mentale étriquée était en partie responsable – selon elle – de la lente destruction de la Terre, dont pourtant nous dépendions tous : pris dans la croyance que nous n'avons qu'une seule vie, nous dépouillons et empoisonnons la Terre de ses ressources comme si nous allions tous mourir demain et ne plus y revenir.

La rencontre avec des personnes décédées telles qu'Ip, l'aidait à croire en la réincarnation et renforçait sa conscience de la préciosité de la vie.

– C'est quoi, la mort ? intervint Sam.

– Tu sais très bien ce qu'est la mort, Sam ! lança Marie.

– J'en sais rien, moi, puisque je suis jamais mort !

Marie soupira.

– Eh bien, vois-tu, les morts on les met ici, dans les cimetières…

Exaspérée, Elena roula des yeux. Marie, confuse, aborda le sujet sous un nouvel angle.

– Tu te rappelles qu'à la télévision ils ont parlé de la peine de mort…

La thérapeute se retint avec difficulté : *comment peut-on évoquer la peine de mort pour parler de la mort à un enfant !*

– C’est quoi la peine de mort ? C’est qu’on est malheureux d’être mort ?

– Mais non, mon chéri. La peine de mort c’est quand, par exemple, un monsieur a été très méchant et qu’il est dangereux pour l’entourage, alors on le punit en le tuant.

– Mais la mort n’est pas une punition !

Elena ne put retenir un sourire. *Merci Sam, merci pour ta fraîcheur ! Tes mots auront certainement plus d’impact que les miens sur ta maman.* Elle avait pour cet enfant une affection infinie. Elle se pencha vers lui pour pouvoir le regarder droit dans les yeux :

– Tu sais, beaucoup d’adultes ne comprennent pas ce qu’est la mort, parce qu’ils en ont peur. Ils pensent que lorsqu’on meurt, c’est la fin de notre vie. Ils ne savent pas que l’existence se poursuit, mais sous une autre forme.

– Mais alors c’est quoi, la mort ?

– La mort est une transformation : ton ami Ip est mort, son corps n’est plus de ce monde, mais son esprit continue de vivre. Seulement, il n’est visible que par des personnes très pures, comme toi, qui parviennent naturellement à percevoir toutes les dimensions de la réalité.

– Je comprends rien ! Quand papi est mort, son corps était là, je l’ai vu dans le cercueil, mais je n’ai pas vu son esprit… Alors qu’avec Ip, son esprit est là, mais je ne vois pas son corps !

Démunie, Elena regarda Marie. *Que répondre à cela ?*

– Où vont les gens quand ils meurent ? insista l'enfant. Ip ne veut jamais me répondre.

– Il m'est difficile de te le dire, Sam. Mais je crois que lorsque nous mourons, nous redevenons l'énergie de l'univers qui donne vie à toute chose. Selon moi, la vie est multiple, elle a de nombreuses apparences changeantes… et quand on meurt, on perd notre corps, mais pas notre esprit. Il continue à vivre… autrement.

Marie écoutait attentivement leur discussion. Elena reprit plus lentement, cherchant ses mots.

– Lorsque ton papi est décédé, son esprit s'est directement fondu dans l'énergie de l'univers. Alors qu'il en est allé autrement pour Ip : lorsqu'il est mort, son esprit a choisi de rester à tes côtés.

L'attention d'Elena fut soudain attirée par Ip. Durant quelques minutes, on aurait dit qu'elle regardait avec attention le vide. Puis elle se tourna à nouveau vers Sam. Il observait une mouche qui virevoltait au-dessus des biscuits.

– Ip me dit que tu es souvent fâché contre lui ces derniers temps… Il dit que tu refuses d'entendre ce qu'il te dit depuis quelques jours… et que c'est la raison pour laquelle il se montre si clairement à moi aujourd'hui : pour que je te confirme ce que tu essaies de ne pas entendre.

Le visage de l'enfant se ferma. Indéchiffrable.

Son corps se raidit. Mais bien que figé, il écoutait de tout son corps, de toute son âme.

– Il va partir, Sam… Je suis désolée.

Marie la regarda, incrédule, et immédiatement comprit ce que cela signifiait pour son fils : Sam perdait son seul véritable ami. Elle comprit aussitôt la raison de l'irritabilité de Sam ces derniers jours ; l'angoisse que suscitait cette séparation pouvait aussi expliquer l'accès de rage qu'il avait eu envers son père lors de la consultation chez le « docteur Précieux ».

– Ip t'aime infiniment, Sam. Mais sa place n'est plus à tes côtés. Il doit retourner dans son monde.

Sam se crispa.

– Mais si Ip doit partir, peut-être que son fantôme pourrait rester avec moi ?

– Et tu t'imagines que je serais d'accord pour que nous accueillions chez nous le fantôme d'un fantôme ? tenta de plaisanter Marie.

– Ce n'est pas à nous de décider, tu sais… S'il désire partir…

– Mais moi je veux pas qu'Ip me quitte ! On est « unséparable » !

Sensible à la soudaine détresse de son fils, Marie lui prit la main.

– Chéri, Ip va monter au Ciel pour retrouver Dieu…

– Mais Dieu n'est pas au Ciel ! Il est à l'intérieur de moi ! Je comprends rien à ce que vous dites !

Bouleversé, l'enfant partit en courant, les larmes inondant son visage, son ami sur ses talons.

Les deux femmes regardèrent Sam s'en aller. Malgré sa détresse, ni l'une ni l'autre ne tentèrent de le rattraper. Le silence s'installa. Marie songeait à ce qu'elle venait d'entendre ; plus rien ne semblait avoir de sens. Après quelques minutes, elle prit une profonde respiration et évoqua le drame que lui avait raconté son époux, survenu alors qu'il n'avait que douze ans.

Lorsqu'elle eut fini le récit, Marie écouta le chant des oiseaux. Au loin, elle observa Sam. Il était assis sur une tombe, immobile, les yeux fermés. Une brise légère parcourait délicieusement son corps. Le vent lui offrait un rythme sur lequel il calquait sa respiration. Sam inspirait un filet d'air si fin, si subtil, qu'on aurait dit qu'il humait le parfum de la Terre. Dans sa poitrine, il entendait battre son cœur : une lumière pailletée et dorée vibrait au son de sa musique intérieure.

Elena prit la parole :

– Laurent s'est retrouvé piégé par une énergie contradictoire. D'un côté, l'énergie liquide était positive : l'eau était une protection. Par exemple, si la piscine dans laquelle il était tombé enfant avait été remplie, elle l'aurait protégé. Et d'un autre côté, l'énergie liquide était néfaste : la mer a tué son frère et manqué de noyer son fils.

– Cette énergie contradictoire expliquerait sa personnalité rigide ?

– En partie seulement... Assister impuissant au décès de son frère est traumatisant. Vous savez, pour un adulte, la mort est effrayante, parce que c'est l'inconnu. Lorsque la mort est perçue comme la fin de la vie, on y projette toutes nos peurs, nos limitations et ces représentations créent à leur tour de nouvelles peurs. Alors imaginez pour un enfant de douze ans qui en plus en voulait à mort à son frère...

Elena inspira profondément avant de reprendre :

– Nous ne pouvons pas modifier son passé, en revanche nous pouvons l'aider à modifier sa perception du drame...

Cette perspective laissa Marie songeuse. Elle tenta d'imaginer Laurent analysant ses émotions et leur impact sur son existence.

– Vous êtes vraiment sérieuse lorsque vous vous dites capable de voir et d'entendre Ip ?

– Oui. Je sais que cela peut vous sembler irréel, mais c'est la vérité.

Elena lui expliqua que Sam avait conservé une très grande réceptivité, tout comme elle, ce qui leur permettait, entre autres, de percevoir les personnes décédées. Son incapacité à elle de percevoir le monde invisible venait du fait qu'elle utilisait uniquement son corps comme référence, comme échelle de la réalité. Ses représentations mentales de ce qu'est la vie, de ce qu'est l'être humain, étaient erronées, car elle ne s'en remettait qu'à ses cinq sens pour concevoir le monde.

– Contrairement à votre fils, qui est en lien avec sa nature véritable, vous vivez dans l'illusion de savoir ce qu'est véritablement la vie.

– Vous voulez dire que puisque je n'ai pas accès au monde invisible, je suis incapable de croire en l'existence de la vie après la mort ?

– Vous pouvez bien sûr y croire... « intellectuellement ». Mais ce n'est qu'une croyance, une construction de votre mental. Pour ma part, à travers Ip, je découvre le sens réel de la mort ; grâce à lui, je fais l'expérience de la continuité de la vie après la mort. Vous savez, les gens vivent dans l'illusion de savoir ce qu'est notre monde ; ils s'imaginent qu'au-delà du visible, rien n'existe. Or Sam, comme de nombreux enfants, est sensible au monde subtil, il voit véritablement Ip, car il regarde au-delà des apparences, au-delà de la matière : il voit sa nature véritable.

Elena soupira.

– Malheureusement, en grandissant, les enfants se ferment peu à peu à ces perceptions d'un monde qu'on ne perçoit pas avec les yeux, qu'on ne peut pas toucher avec la main...

Sam courut vers sa mère et se jeta contre elle, essoufflé. Il réclama un biscuit pour lui, et un autre pour son ami.

– C'est dommage que tu ne voies pas Ip ! Il est si beau avec ses cheveux arc-en-ciel ! s'exclama-t-il, admiratif.

Marie, pensant à la description qu'elle avait lu sur les couleurs de l'aura, ne voulut s'étonner de rien et lui répondit, complice :

– Ça doit être beau de parvenir à voir toutes ces couleurs sur la tête de ton ami !

Sam la regarda, incrédule.

– Je ne te parle pas de la couleur de ses cheveux, mais de leur forme !

Elena sourit. *On ne peut décidément pas faire semblant de voir le monde invisible !*

Laissant mère et fils bavarder ensemble, elle s'intériorisa et se relia plus consciemment à Ip. Après quelques instants d'un dialogue intérieur, elle ouvrit les yeux.

– Marie, Ip a un message important pour vous. Sa signification m'échappe, mais je vous le transmets tel que je le reçois. Il me parle d'un téléphone, ou de vous téléphoner…

– Je ne comprends pas… Quel téléphone ?

– Je suis désolée, je n'arrive pas à m'exprimer plus clairement. Ip me transmet une image, une pensée dont le sens m'échappe.

– Ip dit que c'est lui qui t'a téléphoné quand je me noyais, intervint Sam la bouche pleine.

Marie regarda son fils, puis la thérapeute sans comprendre.

– Si je comprends bien, vous me dites qu'un enfant mort m'aurait téléphoné ?

– Oui, oui.

– C'est ridicule.

– Oh mon Bouddha, elle comprend rien ! Quand je me noyais, il t'a téléphoné !

Soudain, le visage de Marie se décomposa. Bouleversée, elle prit conscience de ce dont Sam lui parlait.

– Mon Dieu ! À ce moment-là, j'étais à la cuisine, et le téléphone a sonné ! C'était une sonnerie ! Une seule ! Mais c'est grâce à elle que je me suis rendue compte que je n'entendais plus Sam !

Elle ouvrit grand les yeux et scruta l'espace vide devant elle, comme pour réussir à voir le sauveur invisible de son fils.

– Vous voulez dire que c'est Ip qui m'a prévenue ?

– Il ne savait pas comment te joindre. Tu ne le voyais pas, tu ne l'entendais pas, alors il t'a téléphoné ! s'esclaffa Sam en tendant la main pour recevoir un autre biscuit.

Cet après-midi-là dans le cimetière, Elena et Marie discutèrent encore longtemps. L'ombre des grands chênes apportait une fraîcheur bienfaisante. Sam et Ip avaient dévoré leur goûter et commençaient à s'ennuyer. Lentement Marie se leva, suivie d'Elena. Sans dire un mot, elle regarda la thérapeute.

Dans un élan de tendresse, Marie la serra longuement dans ses bras. Elle avait compris que grâce à la présence d'Ip, la mort prenait une tout autre signification. *La mort parle de la continuité. La mort parle de la vie.*

La présence de l'enfant invisible se transformait en un enseignement.

26.

Laurent entra dans la cuisine.

– Regarde ce que ta mère m'a offert ! fit-il en soufflant sur le moulin à vent multicolore qu'il tenait dans la main. Il est joli, non ? Je le placerai dans le jardin, vers ton arbre si tu veux…

– Moi j'ai eu un chocolat…

Depuis une semaine, Marie dissimulait des petits cadeaux dans divers endroits de la maison : un autocollant, un carré de chocolat emballé dans un papier rouge, une image, le dessin d'un cœur, un mot d'amour.

Elle prenait un air étonné lorsque son fils lui montrait la surprise qu'il avait trouvée et disait que ce devait être l'œuvre des lutins. Elle apprenait ainsi à créer des événements joyeux et se réjouissait comme une enfant de l'étonnement et des sourires qu'elle provoquait.

Par ces facéties, elle espérait aussi secrètement

combler le vide que laisserait bientôt Ip dans le cœur de son fils.

Regardant le moulin à vent, Laurent dit, songeur :

– Ta mère m'a dit que ce cadeau était symbolique, mais je n'ai toujours pas trouvé ce qu'il signifiait… Si tu as une idée… n'hésite pas !

Il se pencha par-dessus l'épaule de Sam :

– Que fais-tu ?

– Mes devoirs.

– Fais-moi voir ça.

Le père s'empara du cahier et se mit à lire.

– Bon, c'est pas tout… Comme ta mère n'est pas là, c'est moi qui prépare le repas ce midi. Qu'aimerais-tu manger ?

– Des crêpes !

Laurent sourit et commença à préparer la pâte. Le chat noir et blanc tournait autour de lui dans l'espoir de recevoir un morceau de jambon. Il se baissa à sa hauteur et, délicatement, le gratta précisément sur la tache noire située au sommet de sa tête ; ravi, le chat le laissa faire. Bientôt, deux énormes crêpes salées à la sauce béchamel se retrouvèrent sur la table. Sam poussa ses devoirs et mit sa serviette sur ses genoux.

– Maman m'a dit de pas trop t'embêter parce que tu es triste…

Le père garda sa fourchette levée puis la reposa pleine dans son assiette.

– Écoute, je pense qu'aujourd'hui tu es assez grand pour savoir ce qui m'est arrivé quand j'étais enfant. La première fois que j'ai été confronté à la mort, j'avais douze ans…

– Et moi six…

– C'était horrible, si tu savais… Mon frère s'est noyé sous mes yeux…

– Et moi sous les yeux de maman…

– C'est vrai que tu as failli mourir… Eh bien mon frère, lui en est mort…

– Et moi, je suis revenu.

Laurent fixa son fils.

– Si tu savais la peur que j'ai eue ! Ça m'a coupé les jambes !

– Ah bon ? Pour avancer c'est pas pratique…

– Bon sang, Sam. Cesse de m'interrompre tout le temps ! Ce n'est pas une compétition ! Et moi qui voulais te faire partager ma souffrance…

– Oui, oui, *ta* souffrance…

Laurent, énervé, engouffra le reste de crêpe, puis se leva et rangea son assiette dans le lave-vaisselle. Il s'efforçait d'être un père plus attentif, mais la tâche semblait beaucoup trop ardue. *Finalement, Sam a peut-être raison : tout cela est à présent sans importance, c'est à moi de gérer mes traumatismes. Je n'ai pas à théâtraliser ma vie, ni à me comporter en victime aux yeux de mon fils. Bon sang, pourquoi ai-je voulu provoquer sa pitié ?*

Sam aussi était agacé. Il constatait les efforts de

son père, et c'était justement là le problème : pourquoi devait-il s'efforcer d'aimer son fils ? L'amour ne venait-il pas naturellement ?

Pour Sam, le plus insupportable était l'hypocrisie : sa mère, heureusement, avait cessé de faire semblant. Elle avait d'ailleurs même compris que ce n'était pas en feignant de voir Ip qu'elle le verrait vraiment.

Sam sentait instinctivement qu'il y avait une différence entre croire en l'existence d'Ip et faire véritablement l'expérience de sa présence. Et c'était précisément cela qui l'énervait chez son père : la différence entre « être » et « faire » : il croyait pouvoir parvenir à être heureux en faisant semblant de l'être.

– Au fait, je ne t'ai jamais demandé pourquoi tu l'as appelé Ip, c'est quand même un drôle de prénom !

– Ip n'aime pas les prénoms où on ne prononce pas toutes les lettres. Il aime entendre le son de chaque lettre... Parce que dans la vie tout est important.

Avec plaisir, il se souvint qu'Ip aimait aussi le prénom Sam pour cette raison... Et aussi parce que dans Sam, il y avait âme...

Le père trouva cette idée sotte, pourtant elle séduisait son fils. *Comment fait-il pour trouver de l'extraordinaire en toute chose ?*

Laurent se remémora un soir, plusieurs semaines

plus tôt, où Marie s'était emportée contre lui. Elle avait fini par lui dire qu'il ne serait jamais connecté à autre chose qu'à son téléphone portable. Ce souvenir le fit sourire. Elle avait raison : il aimait se diriger vers ce qu'il connaissait, et redoutait l'inconnu.

Leur fils, contrairement à lui, ne se lassait pas de découvrir le monde ; il le redéfinissait à sa manière, semblait observer pour la première fois des situations qu'il connaissait pourtant depuis longtemps… *Comment fait-il pour être dans cet état d'émerveillement constant ?*

L'altercation avec Marie lui en rappela une autre, plus récente. Elle lui reprochait de se préoccuper plus de gagner de l'argent que de passer du temps avec sa famille, même si elle constatait des changements. Laurent lui avait rétorqué que dans cette société, celui qui réussissait était justement celui qui accumulait : de l'argent, des biens, une famille, un titre, des succès… Il avait néanmoins reconnu que l'acte symbolique qu'il avait réalisé pour libérer le blocage de ses énergies liquides avait porté ses fruits : épargner le rassurait toujours, mais il travaillait avec plus de légèreté et avec une certaine distance intérieure qui n'empêchait pas son sens des responsabilités. Depuis cet acte, un stress, une pression intérieure, s'étaient évaporés.

Il avait expliqué à Marie que le modèle sociétal

proposé lui convenait parfaitement, il se considérait comme un homme « moderne » et non un homme de Néandertal : il trouvait son bonheur dans la possession : il avait du plaisir à « avoir » et à fonctionner dans cette idée-là.

– C'est le bonheur par l'acquis, et que cela te plaise ou non, je n'y vois aucun mal ! avait-il dit pour clore la discussion.

Marie n'était pas parvenue à exprimer ce qu'elle ressentait au plus profond d'elle. Depuis sa rencontre avec Elena et les nombreux événements qui en avaient découlé, elle sentait instinctivement qu'elle voulait désormais emprunter en conscience un chemin différent de celui de Laurent : celui de la « dépossession ». Elle ne désirait pas vivre dans la pauvreté, mais plutôt s'alléger, simplifier son existence.

Elle sentait que cela signifiait aller à l'encontre de la vision de consommation socialement admise. Pour elle, la réussite ne se mesurait pas à l'extérieur de soi, mais au dedans ; et contrairement à celui de la possession, ce chemin spirituel ne se voyait pas.

Dans son incapacité à formuler sa pensée à son époux, elle avait repris sa formule :

– Justement, Laurent : quand je t'entends tenir de tels propos, j'ai le sentiment que oui tu es un « homme des cavernes » ! Avec toi, il n'y a pas de dialogue possible. Tu m'imposes ta réalité et ce serait à moi de corriger ma vision des choses.

Il avait rétorqué avec une pointe d'humour :

– Je crois que tu as raison… je suis resté à l'Âge du « Faire » !

Et pour la première fois, le miracle avait opéré : par ce trait d'humour inattendu, il avait apaisé la colère grandissante de Marie. Elle lui avait souri et il en avait profité pour l'enlacer tendrement.

– Je suis désolé, Marie, avait-il murmuré à son oreille, je continue à faire mes commentaires habituels, mais je t'assure qu'au fond de moi, je sens que tu as raison… C'est seulement que les bouleversements de ces dernières semaines me semblent trop rapides. Il me faut encore un peu de temps pour les assimiler.

Songeur, Laurent regarda son fils.

– Je suis désolé, Sam, de ne pas toujours être le papa que tu souhaiterais. Peut-être que tu pourrais m'aider à m'améliorer un peu ? Tu sais, je ne te l'avais pas encore dit, mais… je suis fou de joie que tu me parles enfin !

Il se racla la gorge.

– Bon, quel dessert veux-tu ? Des crêpes à la confiture, au miel ou au sucre ?

– À la confiture, s'il te plaît.

Laurent déposa près de Sam un pot sorti du réfrigérateur, l'ouvrit et regarda à l'intérieur : il était presque vide.

– Attends ! Je vais changer de pot.

– Tu vas vraiment changer de « peau » ?

– Oui, tu verras, ce sera bien mieux ! La nouveauté : y a qu'ça d'vrai !

Plein d'espoir, l'enfant leva les yeux vers son père.

Sam entama son dessert. Face à lui, Laurent l'observait manger en silence. Pour une fois, le rythme lent de son fils ne l'indisposait pas.

– Ip m'a sauvé la vie… Maintenant qu'il va s'en aller, c'est toi qui vas me protéger ?

Une étincelle d'amour traversa le regard de Laurent. L'espoir le saisit d'imaginer qu'il pourrait peut-être avoir un rôle protecteur pour son fils. Une responsabilité qu'il n'aurait jamais crue possible.

– Tu crois qu'un jour j'oublierai Ip ? poursuivit Sam.

– Je ne crois pas, non. Tu vivras en gardant la mémoire de ton ami, comme moi je garde celle de mon père, de mon frère… Leur présence n'est jamais loin…

– Je trouve que c'est plus facile de mourir que de vivre, affirma Sam avec tristesse.

Laurent passa sa main dans les cheveux de son fils.

– On n'oublie pas le passé, tu sais. Jamais. Tu vas t'adapter au monde qui t'entoure, mais je te promets une chose : jamais tu n'oublieras Ip.

Après un silence, il reprit :

– Et puis, ta mère m'a expliqué que ton ami

invisible n'était pas vraiment mort. Que c'était comme s'il se trouvait au salon alors que nous étions à la cuisine : nous ne le voyons pas, mais nous ressentons sa présence, nous pouvons continuer à lui parler…

– C'est juste que c'est difficile…

– Le chemin vers le bonheur est difficile.

– C'est pas le chemin qui est difficile, c'est le difficile qui est difficile…

Laurent réfléchit à cette étrange affirmation, puis sourit face à la sagesse de son fils. Évoquer ensemble la séparation, la mort, le rapprochait de Sam : il le découvrait dans son intimité. Il avait enfin le sentiment de parler véritablement à son enfant, de personne à personne. Le départ imminent d'Ip poussait son fils de six ans à quitter son enfance.

Spontanément, Laurent attrapa son fils et le serra fort contre lui. Surpris, Sam se figea. Mais après avoir résisté un instant, il se laissa faire. Intimement enlacé, il s'abandonna à la chaleur paternelle.

À cet instant, Sam réalisa que durant toutes ces années, Ip n'avait pas été le seul enfant invisible de la famille.

– J'ai compris ! s'écria Laurent. Le coup du moulin à vent ! J'ai compris ce que ta mère voulait me dire !

Dans un élan du cœur, Laurent souleva Sam dans les airs en riant.

En lui offrant un moulin à vent, Marie voulait lui signifier que jusqu'à présent, Laurent se tenait « contre le vent » : il bataillait, travaillait dur pour parvenir à ses fins, et s'obligeait sans cesse à faire des efforts : au bureau, en famille…

Sa position intérieure n'était pas la bonne. S'il réussissait à trouver sa juste place dans la vie, s'il se plaçait « face au vent », le moulin tournerait naturellement : il n'aurait plus aucun effort à faire…

27.

Bien que ce fût le milieu de l'après-midi, Marie avait allumé une bougie dans le salon pour rendre l'instant plus solennel. Énervé, Sam lui avait rétorqué qu'on allumait des bougies uniquement lorsque quelqu'un mourait ; Ip étant déjà mort, il ne mourrait donc pas aujourd'hui.

Sam était à fleur de peau ; toute la journée, il s'était senti irrité. Il était malheureux et la boule qui enflait dans sa gorge l'empêchait de déglutir. Dans quelques minutes, à l'arrivée d'Elena, Ip s'en irait. Définitivement.

À cette seule pensée, Sam sentit les larmes affluer. *Faut-il vraiment que mon meilleur ami me quitte ?* Toute la journée, incapable de s'amuser, il avait erré dans la maison comme une âme en peine. Sa souffrance inquiétait Marie ; à tel point qu'elle se demandait si en disparaissant, Ip n'emporterait pas avec lui l'innocence de son fils.

La sonnette retentit dans le silence. Sans un mot, Marie fit entrer Elena. Laurent était absent. Elle avait pensé que ce serait plus simple de ne pas le mêler au départ d'Ip. Sam salua Elena en grognant puis alla s'asseoir sur le canapé, entre elle et sa mère. Il tourna son petit visage inquiet vers Elena :

– Tu es sûre que c'est ce qu'Ip veut ?

– Oui, Sam, répondit-elle en lui tenant la main. Et tu le sais mieux que moi. Ton ami ne cesse de te le répéter depuis plusieurs jours…

– Je sais…

– Se séparer d'un ami aussi précieux est douloureux, Sam. D'autant plus que vous êtes inséparables depuis tant d'années ! Mais pour lui comme pour toi, cela va être le début de nouvelles aventures, qui ne seraient pas possibles si vous restiez ensemble.

– J'espérais qu'il changerait d'avis…

– Fais-moi confiance, Sam. Tout ira bien. Ta vie ne se termine pas avec le départ de ton ami.

L'enfant se leva et déclara qu'il désirait jouer encore quelques minutes avec lui. Les deux femmes le regardèrent s'en aller à pas lents, le regard triste.

– Elena, d'après vous, que se passe-t-il lorsqu'on meurt ? Qu'y a-t-il après ce monde ?

– Je ne sais pas… Selon moi, la mort n'est pas une fin, mais une transformation, un changement d'état. J'imagine que l'énergie qui nous compose ne peut être ni créée, ni détruite, mais seulement transformée. Donc lorsque nous mourons, le corps prend fin, tout simplement, et notre âme retourne à sa nature véritable. À mon avis, la mort en tant que fin de soi est une illusion.

– Depuis que vous m'avez expliqué qu'Ip n'est pas un enfant imaginaire, je me suis posé de nombreuses questions. J'aimerais savoir à quoi m'attendre lorsqu'il nous quittera… En fait, j'ai toujours du mal à imaginer qu'Ip existe véritablement dans une dimension à laquelle je n'ai aucun accès…

– Eh bien… Je suis tentée de vous dire de ne vous attendre à rien. Ni sentiment, ni sensation, ni vision. Chacun perçoit le monde des énergies à sa manière, il est donc important de rester authentique dans vos perceptions et de ne pas imiter celles des autres. Le plus important est que vous soyez ouverte à l'idée qu'il existe une réalité au-delà des apparences.

Elena s'installa plus confortablement et accepta le verre de limonade que Marie lui avait préparé sur une petite table. Elle reprit :

– Le sentiment d'exister uniquement à travers le corps physique est si puissant que l'on oublie que le « vivant » existe au-delà du visible. En réalité, la conception de nous-mêmes est erronée, nous ne sommes pas ce que nous semblons être : nous existons bien au-delà des apparences du corps physique. Mais malheureusement, comme cela n'est pas perçu par nos cinq sens, nous continuons à croire que seul l'aspect visible de notre être existe, et nous demeurons figés dans cette illusion.

Elle but une gorgée et conclut :

– Comme disait Einstein : « L'illusion est de croire que l'illusion n'existe pas ! » En bref, ce n'est pas parce que vous ne percevez pas une réalité, qu'elle n'existe pas.

Marie était confuse.

– Vous voulez dire que c'est *moi* qui pense *ma* réalité et que cette pensée est restreinte ? En somme, pour comprendre la réalité telle qu'elle existe vraiment, je devrais perdre ma vision de la réalité ?

– Absolument ! Mais n'adoptez ni ma vision, ni celle de votre fils. Pour changer votre perception de la réalité, vous devez d'abord vous ouvrir vous-même ! C'est en se questionnant que l'on se transforme… spontanément.

– Mon Dieu ! J'ai parfois l'impression de perdre la tête ! Vous évoquez une vérité à laquelle je n'ai pas accès et cela me frustre terriblement, car je ne parviens pas par la seule volonté à vivre ce dont vous parlez !

Elena posa son verre sur la table basse.

– Si vous voulez accéder à Ip, au monde subtil et invisible, il faut découvrir votre véritable nature, celle qui ne se voit pas avec les yeux, ni ne se touche avec les mains. Pour cela, il est nécessaire d'aller au-delà de l'aspect relatif de la réalité.

L'incroyable expérience de se relier à son âme, située au-delà des dimensions visibles et invisibles, était difficile à transmettre avec des mots. Elena se remémora l'instant où elle-même avait pris conscience que le monde des « apparitions » n'était pas une création de son imaginaire, mais l'esprit humain était tellement conditionné par le mental qu'il était extrêmement difficile de réussir à abandonner ce que l'on croyait être « vrai ».

Elena poursuivit la discussion, consciente que le départ imminent d'Ip leur offrait une occasion extraordinaire de comprendre la vie au-delà des apparences.

– Confondre la mort de notre corps physique avec celle de notre âme est une méprise difficile à changer dans l'esprit des gens, car celui qui n'a pas conscience de son âme en déduit simplement qu'elle n'existe pas.

– Vous savez, j'ai déjà fait d'énormes progrès par rapport à ma conception de la mort. La simple idée de traverser un cimetière m'angoissait ! Qui aurait cru qu'un jour j'y passerais mes après-midi !

Elles rirent de bon cœur.

– C'est la raison pour laquelle Ip est un enseignant extraordinaire : il nous permet de mieux comprendre ce qu'est véritablement la mort. Et ce qu'il nous montre n'a rien à voir avec les représentations ordinaires que nous nous en faisons. Non seulement Ip nous permet de dépasser ces constructions mentales, mais il nous aide aussi à penser à notre propre mort : qu'aimerions-nous léguer à nos enfants ? De l'argent ? Des souvenirs heureux ? Mais à quoi cela leur servira le jour où nous aurons disparu ? Pour ma part, j'y ai longuement réfléchi. J'en suis venue à la conclusion que j'aimerais transmettre à ma fille, non pas des repères sociaux ou intellectuels, mais une conscience de qui elle est, la capacité d'être véritablement en lien avec elle-même, avec son âme. Et avec cette conscience, je désirerais aussi lui léguer une « vision » de la vie, une source d'inspiration qui lui donnera confiance en elle à chaque instant de son existence.

Marie tournait et retournait son verre entre ses mains.

– Je me rends compte que je n'ai jamais véritablement pensé à la mort et aujourd'hui, je comprends qu'elle est une réalité. Laurent, Sam et moi-même allons tous un jour quitter ce monde.

Elle émit un petit rire et avala une gorgée de limonade. Son inquiétude face à l'inconnu était de plus en plus grande.

– Après toutes ces années, j'ose à peine l'avouer, mais Ip va me manquer… Durant toute ma vie, j'ai rendu la réalité ordinaire, alors que Sam et Ip me montrent combien elle est extraordinaire…

La mine triste, Sam entra dans le salon. Ip se

tenait face à eux, discret, semblant ne pas savoir comment annoncer que le moment tant redouté, l'instant de la séparation, était venu.

Sam tentait de se persuader qu'Ip devait partir, mais il avait beau chercher à s'en convaincre, le courage l'abandonnait. Les larmes coulèrent sur ses joues. Il chercha au fond de lui un peu de courage et se força à éprouver de l'enthousiasme pour dissimuler sa peine :

– Lorsque tu auras cessé d'exister, je viendrai te voir au cimetière. Maman, dit-il en se tournant vers elle, on pourrait faire une jolie tombe pour Ip, tu es d'accord ? Avec des fleurs et des cailloux blancs ? Et sur la dalle en pierre, je déposerai une photo de Dieu ! Ce serait joli, non ?

Marie devinait l'effort qu'il faisait pour ne pas pleurer. Bouleversée, elle aurait juré qu'Ip était aussi ému que lui. La gorge nouée, incapable de prononcer un mot, elle ne put qu'acquiescer.

– Et on y inscrira ton nom ! cria Sam sur un ton euphorique au bord du désespoir.

– Si tu veux, nous pourrions aussi aller dans la maison de Dieu y brûler un cierge pour Ip ?

– C'est quoi la maison de Dieu ?

– Eh bien, c'est l'église qui se trouve derrière le cimetière.

– Ah ! Le musée de Dieu ?

Des sanglots envahirent sa voix lorsque son cœur se déchira.

– Je veux pas que tu partes, Ip ! Je veux pas que tu me quittes ! s'effondra Sam. J'ai besoin de toi sur Terre, pas dessous !

Il reprit entre deux sanglots, le cœur serré :

– Pourquoi tu t'en vas maintenant ? Pourquoi c'est si urgent ?

Il aurait voulu expliquer combien Ip était tout pour lui, bien plus que son meilleur ami, comme si Ip l'aimait plus qu'il ne s'aimait lui-même ! Combien de fois lui avait-il répété : « Quand tu es avec moi, tu fais grandir mon cœur ! »

Troublée, Elena regarda Ip, n'osant échanger un regard avec Marie. Elle respirait le plus calmement possible afin de retenir ses larmes.

– Je veux pas te quitter, je veux pas que tu m'abandonnes ! murmura l'enfant.

Ip ne bougeait pas. Les traits de son visage, la silhouette de son corps disparaissaient lentement.

Sam se tourna brusquement vers la thérapeute.

– Il s'en va ! Elena ! Elena, fais quelque chose !

– Ne lutte pas, Sam, même si tu as peur, même si tu es triste. Tu dois respecter le choix de ton ami.

– Mais peut-être qu'on se trompe ! Peut-être qu'Ip ne veut pas me quitter ! Tu te trompes, Elena ! Tu m'as dit n'importe quoi !

Épouvanté, Sam ne savait plus comment retenir son ami.

– Ip ! Je veux venir avec toi ! Je peux aussi être mort ! Je veux être mort !

Marie, terrifiée, repensa à la noyade à laquelle il venait d'échapper. Au petit corps inanimé flottant à la surface de l'eau. Des pensées confuses se formèrent dans son esprit : la mousse débordait de la baignoire, des bulles de savon volaient au-dessus de l'eau. L'inquiétude la tira de sa torpeur : la vie humaine était plus fragile qu'une bulle de savon.

Elle entendit son fils s'écrier, fou de rage :

– Mais ce sont les vieilles personnes qui meurent ! Ip est un enfant ! Pourquoi c'est lui qui doit partir ?

– Tu dois aider Ip à quitter notre monde, Sam. Il doit retourner à la partie de lui qui ne meurt jamais. Ton ami sera toujours auprès de toi : dans tes souvenirs et dans ton cœur. Il veillera sur toi…

Tiraillé entre son envie de fuir avec Ip et de rester avec ses parents, Sam ne savait plus dans quel monde il désirait vivre. Choisir l'un, c'était renoncer à l'autre… Comment ne pas se révolter contre un tel renoncement ?

– Je n'entends plus Ip ! Ip ? cria-t-il paniqué. Il est parti ! Il ne m'a pas dit au revoir !

– Sam, dit Elena d'une voix autoritaire, calme-toi. Ip est encore là. Regarde-moi. N'aie pas peur de te séparer de lui, fais-lui confiance. Rappelle-toi ce que Dieu t'a dit alors que tu te noyais : la vie, la mort, tout est lié, entrelacé. Ip connaît sa place véritable et elle n'est plus à tes côtés. Sa juste place est désormais dans l'univers. Laisse-le partir, Sam. Laisse-le libre…

L'anxiété montait dans le corps du petit garçon sans qu'il ne puisse la maîtriser. Elena chercha ses mots :

– Tu es tiraillé entre deux mondes, mais en vérité tu n'as pas à choisir : ces deux univers sont en toi ! En apparence, il y a ton quotidien avec tes parents d'un côté et Ip de l'autre, mais il n'y a pas de fidélité à avoir vis-à-vis de l'un ou de l'autre. Un monde n'exclut pas l'autre. Ils vivent tous les deux en toi, ils ne font qu'un !

Sam, qui d'ordinaire intégrait aisément dans son quotidien le monde visible et invisible, se retrouvait plongé dans le piège du mental : celui de l'illusion de la séparation.

Sam la fit brusquement taire.

– Chut ! Écoutez ! J'entends Ip qui pleure ! Il ne veut pas s'en aller ! J'en étais sûr !

– Je suis désolée, Sam, mais ce sont tes propres sanglots que tu entends… Malgré ton chagrin, ton ami a pris sa décision…

– J'aimerais tellement partir avec lui…

Tout à coup, la luminosité changea. Ip s'illumina, rayonnant comme un soleil dans la lueur de l'après-midi. Il s'approcha de son ami et, avec une douceur infinie, lui glissa à l'oreille :

– Je t'aime Sam. Je t'aime de tout mon cœur, de toute mon âme. Moi, je suis mort depuis longtemps, mais toi… Ne sacrifie pas ta vie par amitié. Accueille sans inquiétude ce qui va m'arriver et ce qui t'arrive, Sam. L'Univers te ramènera à moi lorsque le moment sera venu, mais ça n'est pas à toi d'en décider. Ne lui demande pas d'écourter ta vie… Je me trouve dans le temps et l'espace sacrés. Je n'appartiens ni à toi, ni à moi, Sam. Je suis à Dieu, je suis Dieu. Rien d'autre ne compte que l'amour que je ressens… Le Divin sait ce qui est juste. À l'intérieur de toi, tu le sais aussi.

À ces paroles, Sam éprouva une affection infinie pour son ami.

– Tu reviendras jouer avec moi ?

– C'est promis ! lui dit Ip, le sourire aux lèvres. N'aie crainte, mon âme ne te quitte pas.

– Tu me manques déjà…

– L'état de mort dans lequel je suis, Sam, est empli d'une paix, d'un bonheur et d'un amour profonds. Sois heureux pour moi ! Je suis délivré de l'existence individuelle. À présent, mon merveilleux ami, je vais m'en aller. Je suis béni, Sam : je suis dans l'essence même de la vie ! Sois heureux !

Sam regarda la bougie sur la table du salon. *La vie est comme une flamme exposée au vent, elle peut s'éteindre à tout moment.*

Elena ressentit en résonance les pensées de son jeune ami. Elle lui déposa un doux baiser sur le front et lui dit :

– La vie semble parfois s'éteindre Sam, mais c'est une illusion : Ip continue sa vie sous une nouvelle apparence. Dans nos existences, il n'y a rien à recommencer, nous devons seulement poursuivre notre chemin.

À présent, l'heure avait sonné pour Ip de redevenir l'enfant qu'il était destiné à être. Et il était temps pour Sam de faire de même.

Ip recula et s'éloigna lentement. Il adressa au petit garçon recroquevillé sur lui-même un dernier signe. Jusqu'à la dernière seconde, Sam avait espéré que son ami changerait d'avis, qu'il l'implorerait de le retenir. Sam aurait voulu le sauver de son destin. Mais Ip ne lui avait rien demandé. Le cœur serré, il voulut s'élancer vers lui. Mais comment enlacer Ip ?

Après leur dernier échange, les deux garçons se dévisagèrent longtemps. Bouleversé, Sam tremblait d'émotion. Puis Ip observa intensément Sam, Marie et Elena, il sembla les envelopper dans un épais nuage d'amour ; sa lumière, rayonnant plus fort, emplit tout l'espace et irradia jusqu'à eux.

Marie s'inquiéta tout à coup : *comment dit-on au revoir à quelqu'un qui est mort ? Ça n'a pas de sens ! Dois-je lui dire : à bientôt ? Ou plutôt, adieu ?*

Elena interrompit sa réflexion :

– Marie, Ip me dit de vous dire : « Passez un bon après-midi ! ».

Sous le coup de la surprise, Marie, gênée, se

tourna vers elle d'un mouvement brusque. Ip lisait-il dans ses pensées ? Voyait-il tout d'elle ? L'avait-il vraiment entendue ?

– Ip est décidément un grand enseignant…, poursuivit la thérapeute. Il nous aide à cesser de nous poser trop de questions et à vivre l'instant présent…

Elle songea que dans « l'instant de présence », l'éternité était incluse. *Même si nous ne sommes pas dans l'immortalité des corps, l'immortalité existe bel et bien !*

Soudain, la densité du corps de Marie se modifia. Elle sembla à la fois plus lourde et plus légère. Cette incohérence la déconcerta. Ce qu'elle ressentait était trop nouveau pour qu'elle puisse l'identifier. C'était à la fois beau et terriblement étrange. À quelle expérience de son existence pouvait-elle comparer ce qu'elle vivait ? Ce qu'elle voyait ? À rien. Absolument rien ne pouvait se comparer à ce qu'elle découvrait. Comment pourrait-elle décrire à Laurent ce sentiment, ces sensations ? *J'éprouve le sentiment d'une renaissance à la vie au beau milieu de la mort !*

Ip semblait flotter devant eux avec une expression remplie d'amour et d'abandon. À l'instant de son départ, chacun vit une lumière éclairer la pièce d'une douce clarté. Dans un dernier sourire, Ip s'éparpilla en milliers de paillettes dorées.

– Vis, Sam ! Vis ! s'exclama joyeusement son ami.

– Regarde maman ! s'écria l'enfant. Regarde ! Ip n'a plus de forme ! Oh ! Ip ! Tu es si beau !

Telle une étoile filante qui brillait de mille feux, Ip disparut définitivement.

Sam se leva et chercha des yeux son ami, à gauche, à droite, vers le haut, vers le bas.

– Jamais je ne t'oublierai, Ip. Je t'en fais le serment, ajouta-t-il sur un ton solennel et triste à la fois.

Elena, émue par l'intensité de cette séparation murmura pour elle-même : *merci, Ip.*

– Je t'aime Ip ! chuchota encore le petit garçon. Et n'oublie pas de me faire signe !

Il se dirigea vers sa chambre, la tête baissée. Il s'en allait lentement comme un enfant qui porte une goutte d'eau dans ses mains : si délicate, qu'à tout moment, elle pourrait s'écouler. Il s'effondra sur le lit et se mit à pleurer sans ne plus pouvoir s'arrêter.

Mis à part les sanglots qui secouaient son corps, Sam pensait ne plus jamais être capable de bouger. Il était désormais seul, sans repère : Ip à l'autre bout du monde, à l'autre bout du ciel. Loin, si loin, dans son propre univers.

Ce soir-là, Sam pleura comme jamais de sa vie il n'avait pleuré.

Peu de temps après la disparition d'Ip, Sam s'endormit, épuisé. Elena en profita pour partir discrètement. Elle ressentait le besoin de retrouver sa fille et son époux et de les serrer fort dans ses bras.

Dans le silence revenu, Marie repensa au dernier message transmis par Ip : *Contrairement à notre corps que la mort atteindra un jour, notre âme est éternelle et ne cessera jamais de vivre.* Ce puissant message transformerait son existence pour toujours.

Mais plus que le message en soi, c'était la manière qu'avait eue Ip d'accueillir pleinement la mort qui était devenue pour Marie un cadeau extraordinaire de libération et de compréhension.

Ce fut le dernier acte de générosité et d'amour d'Ip : il l'avait révélée à son âme.

Sam se tenait à la fenêtre de sa chambre. Au milieu de la nuit, il s'était réveillé et avait ouvert sans bruit les volets. Le cœur lourd, il observait l'obscurité.

Les nuages emplissaient le ciel noir et dissimulaient la profondeur du firmament. *Ip ne viendra pas ce soir*, se désola-t-il. Le signe tant attendu apparaîtrait peut-être le lendemain…

Alors qu'il s'apprêtait à se recoucher, le vent se leva. Lentement, les nuages s'écartèrent et dévoilèrent un minuscule bout du ciel. Devant le spectacle céleste, Sam se mit à sourire.

Entre les nuages, une étoile brillait.

28.

– Que le spectacle commence, annonça Sam solennellement.

Allongés confortablement sur une couverture dans le jardin, Sam, son père et sa mère observaient le firmament.

Plus d'un mois s'était écoulé depuis le départ d'Ip. Le croissant de la lune brillait dans l'obscurité ; aucun nuage ne venait déranger l'ordre des étoiles. Sam s'émerveillait de leur scintillement : les paillettes illuminaient le cosmos et prenaient mille et une teintes dorées.

Cette nuit, Sam l'attendait chaque année avec impatience. C'était *sa* nuit. Elle était unique non pas parce qu'il avait l'autorisation de se coucher tard, mais parce qu'elle lui offrait un cadeau hors du commun, un présent que seul le ciel pouvait offrir : les étoiles filantes.

Ce soir d'août plus que tous les autres, les

étoiles s'envolaient, comme poussées par le vent, traçant dans la nuit noire des rayons de lumière.

– Oh ! Comme elle est belle ! Vous l'avez vue ? s'extasia Sam. C'est si beau !

– Tu as raison, mon chéri. Ce spectacle est féerique !

Suivant une danse connue d'elles seules, des dizaines d'étoiles traversèrent la voûte céleste. Ces paillettes d'or qui tombaient sur eux rappelèrent à Marie cet après-midi, il y a quelques semaines, où les plumes d'oreiller avaient virevolté comme des flocons de neige sur son fils.

– Là ! Encore une ! Tu l'as vue ? C'est celle qui a laissé la plus longue trace ! Elle est allée de là à là !

Joignant le geste à la parole, Sam dessina un filament invisible dans l'espace.

Les yeux écarquillés, absorbé par l'immensité des cieux, il ne sut bientôt plus où se situaient le ciel et la Terre. Comme pour retrouver un repère, il plaça ses mains dans celles de ses parents.

– J'ai l'impression d'être minuscule ! Papa, est-ce que c'est moi qui ai créé l'infini ?

Marie sourit à cette interrogation. *Le monde devient extraordinaire pour celui qui l'observe avec la pureté de son cœur.*

– Oh ! Tu as vu celle-là ! Elle est allée tellement vite ! Et celle-ci !

– Il faudrait faire quelques vœux, vous ne

pensez pas ? leur demanda Laurent. C'est ce soir ou jamais…

Une après l'autre, les étoiles tombaient du ciel sous leurs yeux émerveillés. Marie, envoûtée par l'enthousiasme de son fils plus que par le spectacle astral, leur confia :

– C'est fabuleux de penser que nous percevons la lumière d'une étoile alors qu'elle s'est éteinte il y a des années de cela…

– Oui, oui, c'est comme avec Ip…

– Que veux-tu dire ?

Sam, absorbé par la nuit étoilée, ne lui répondit pas.

Marie leva brusquement la tête et contempla son fils et Laurent à la lueur de la lune :

– Mon Dieu, je comprends enfin ce qu'Elena voulait dire quand elle me disait qu'Ip était mort sans l'être véritablement ! Lorsque je regarde une étoile filante, je pense vraiment la voir, alors qu'en réalité elle a disparu depuis des années ! Ip t'apparaissait de la même manière : tu le voyais vivant, même s'il était déjà mort !

– Tu veux dire qu'après son décès, Ip a continué à vivre, mais différemment ? commenta Laurent.

– C'est ça ! Et Sam le percevait, non pas comme une projection de ce qu'il avait été, mais comme un enfant réel.

Dans l'esprit de Marie, tout devint plus limpide. Elle trouvait sans avoir à chercher et comprenait sans analyser. *C'est étrange, on dirait que je suis deux personnes en une : mon être sensible me répond avant même que je me pose la question !*

Depuis quelques jours, le voile qu'elle avait autrefois devant les yeux s'estompait. Elle percevait de plus en plus la réalité quotidienne, mais aussi au-delà. Depuis qu'elle s'efforçait de moins juger, la vie lui révélait enfin ses innombrables trésors.

La beauté et le merveilleux ne se perçoivent qu'avec le cœur. Rien de ce qu'elle percevait n'était nouveau, pourtant elle ne le voyait pas auparavant : ses préjugés, ses pensées, son intellect l'en avaient toujours privée.

– Tu sais, en m'efforçant de percevoir l'essence des personnes, des plantes, des situations, plutôt que de me contenter de leur surface, j'ai le sentiment de me rapprocher de notre fils et de sa vision du monde…

Ces dernières paroles se perdirent dans l'obscurité de la nuit. Ils laissèrent leur pensée vagabonder tout en se délectant du spectacle céleste.

Ce soir-là, Marie tenta de ressentir en elle l'âme du ciel. Elle fixa son regard sur un point lumineux plus scintillant que les autres et fit le vide. Bientôt, les étoiles et la lune commencèrent à vibrer à l'intérieur d'elle. Lentement, elle eut l'impression déroutante de se fondre en l'univers. Une joie subtile monta en elle. Mère et fils partageaient au même instant une expérience identique : bientôt, ils ne se sentirent plus minuscules dans l'immensité du firmament, mais gigantesques, comme s'ils ne faisaient qu'un avec lui.

Marie sourit. Elle découvrait en elle des sensations inconnues et insoupçonnées. Pour la première fois, elle se sentait véritablement et profondément juste. *Lorsque la nature du monde est appréhendée, il cesse simplement d'être*, songea-t-elle.

Sam aspira goulûment l'air chaud et ébaucha un sourire en entendant une petite voix familière qui chuchotait à son oreille :

– Écoute avec ton cœur…

Sam tourna son regard vers l'intérieur.

– Oh mon Bouddha ! C'est génial ! s'exclama-t-il soudain.

– Que se passe-t-il, Sam ? demanda son père.

– C'est chouette ! Ip passera les vacances au bord de la mer avec nous !

– Ip est revenu ?

– Ip est ici ? demandèrent Marie et Laurent en même temps.

– Oui, oui ! Ip revient bientôt jouer avec moi ! Oh ! Je suis si content ! Il me manquait tellement…

– Ton ami va revenir ? Mais je le croyais parti vers…

– Ip sera une petite sœur formidable ! l'interrompit Sam.

Le choc atteignit Marie et Laurent de plein fouet. Elle se leva gauchement sur un coude et dévisagea son fils dans l'obscurité.

– Tu es en train de me dire que tu vas avoir une petite sœur ? Et que cette sœur, est… Ip ?

– Il m'avait bien dit que son âme ne me quitterait pas… Tu sais, au fond de moi je ne l'avais pas cru…

Dans la lueur de la nuit, Marie se souleva légèrement et regarda Laurent en souriant.

Mon Dieu, se peut-il que le malaise que j'éprouvais ce matin... Sous le coup de l'émotion, elle se rallongea. Des larmes de joie inondèrent son cœur. *Une fille !* À cette pensée, elle ressentit un amour inattendu pour cette enfant. Un amour absolu qu'elle n'aurait pu ni qualifier, ni quantifier. *J'aime déjà cette petite fille, comme si je l'avais toujours connue, sentie à mes côtés... Ip... C'est à peine croyable !* Une puissante sensation de liberté s'empara de tout son être, comme si chaque cellule de son corps vibrait de l'essence divine. Une force inexprimable la transporta et lui donna le sentiment d'être consciemment reliée à l'immortalité de l'existence.

Dans cet état intérieur de plénitude, Marie s'était vue offrir le plus beau des présents : l'annonce qu'une nouvelle vie avait été créée.

L'éternité s'invita dans son âme.

Sam observa le ciel pailleté d'or. La renaissance de son merveilleux ami lui prouvait qu'Ip n'était jamais parti ; seule l'illusion de la séparation avait existé. Pareille à la trajectoire des étoiles filantes qui disparaissaient doucement dans le noir, son inquiétude le quitta.

Son cœur s'illumina. Il était en paix avec lui-même, comme jamais il ne l'avait été.

Il ferma les yeux et s'abandonna à la présence grandissante de celle qui serait bientôt sa petite sœur.

– J'ai une idée ! On pourrait l'appeler Ip !

– Heu… éventuellement en deuxième prénom…, suggéra Laurent.

Sam ébaucha un sourire aux étoiles et chuchota, confiant, à ses parents :

– En tout cas, je suis sûr d'une chose : ma petite sœur sera gourmande de bonheur !

Prolonger le plaisir de la lecture
en dialoguant avec l'auteure

www.aura-therapie.ch

Recevez gracieusement notre catalogue

Suisse : Éditions Ambre,
C. P. 3625,
1211 Genève.

France : Éditions Ambre,
B. P. 13,
38661 Le Touvet cedex.

OUVRAGE IMPRIMÉ SUR PAPIER FSC.

(Conseil de Bonne Gestion Forestière
Forest Stewardship Council).

Les espèces transgéniques sont bannies, les pesticides sont interdits ou très réglementés, les bois doivent être abattus et débardés de façon à ménager les animaux et les autres plantes et enfin les droits des habitants des forêts doivent être respectés. Le label FSC est reconnu par les grandes organisations écologistes ainsi que par de nombreuses institutions sociales.

Imprimé en Espagne,
sur le presses de Beta